IMAGES
of America

LA PICCOLA ITALIA

ANCHOR LINE

MEDITERRANEAN SERVICE

PROPOSED SAILINGS

FROM NEW YORK TO NAPLES

VIA GIBRALTAR

(SUBJECT TO CHANGE)

S. S. CALABRIA	Saturday,	March	7, 1914,	3 P.M.
" PERUGIA	"	March	28, "	10 A.M.
" ITALIA	"	April	18, "	2 P. M.
" CALABRIA	"	May	2, "	"
" PERUGIA	"	May	23, "	"

THIRD CLASS PASSAGE RATES

OUTWARDS

TO

NAPLES
GENOA
MESSINA
PALERMO
GIBRALTAR

$35.50

TO

Piraeus or Patras	$42.50
Alexandria . .	45.50
Jaffa (Syria) . .	47.50
Beyrouth (Syria)	48.50

Children 5 and under 10 years, half fare.
Children 1 and under 5 years, quarter fare
One infant, free.

These Steamships are fitted with MARCONI WIRELESS TELEGRAPH and lighted throughout by ELECTRICITY. Excellent accommodations and good service.

21—24 State St.,
New York, Feb. 20, 1914

HENDERSON BROTHERS,
General Agents.

Molti immigranti italiani sono stati chiamati "uccelli del passaggio" durante il periodo della migrazione di massa perché sono andati avanti e indietro fra l'Italia e New York City in una "migrazione di ritorno" inseguendo lavori stagionali. Per far ció, hanno avuto bisogno di agenzie di viaggi. La linea Anchor promette partenze per vari punti in Italia per $35.50.

IMAGES
of America

La Piccola Italia

Dr. Emelise Aleandri

ISBN 978-1-5316-6269-1

Published by Arcadia Publishing
Charleston, South Carolina

Library of Congress Control Number: 2012931385

For all general information, please contact Arcadia Publishing:
Telephone 843-853-2070
Fax 843-853-0044
E-mail sales@arcadiapublishing.com
For customer service and orders:
Toll-Free 1-888-313-2665

Visit us on the Internet at www.arcadiapublishing.com

Questa madre immigrata sta per partire dall'Italia con i bambini al seguito. I primi immigranti italiani erano uomini celibi che sono venuti a New York City per trovare lavoro. A volte hanno dovuto lavorare per anni prima di potere risparmiare abbastanza soldi per fare venire la moglie e bambini dall'Italia. Quindi, spesso le donne dovevano viaggiare da sole o con i loro bambini, i quali spesso neppure ricordavano il padre che andavano ad incontrare.

Indice

La banca e l'agenzia di viaggi di Vincenzo De Luca a Grand Street, numero 186, aiutava i viaggiatori immigrati. De Luca è nato a Cerisano, Cosenza, in Calabria, nel 1883 ed è diventato il proprietario di parecchie agenzie: questa agenzia si trovava in un'edificio da lui costruito, un'altra a Mulberry Street, numero 157, ed un'altra a Pittsburgh, Pennsylvania. Circondati dai manifesti di viaggio, i suoi impiegati posano per la macchina fotografica c. 1906.

Ringraziamenti

L'autrice deve i suoi più calorosi ringraziamenti ad amici, colleghi ed istituzioni per la loro generosità e supporto, per la loro donazione di tempo, di informazioni, di immagini, o del permesso per l'uso delle immagini. La mia gratitudine va a quanti seguono: la fu Olga Barbato, ex-presidente dell'unione italiana degli attori; Rita Berti; il fu Al Carr e la sua famiglia; Lucy Codella e Nardina Trotta del Dott. Vincenzo Sellaro Lodge No. 2319 Ordine Figli d'Italia in America; John De Lutro di Palermo Caffé; la famiglia DeMattia: Victoria Zecchino, Robert DeMattia ed il fu Joseph DeMattia; Dona DeSanctis dell' Ordine Figli d'Italia in America; la famiglia DiPalo/Santomauro: Luigi, Salvatore e Marie; Denise Mangieri DiCarlo; il fu Vincent Gardenia; il Museo di Garibaldi-Meucci; l'Accademia Italiana per gli Studi Avanzati in America alla Columbia University; l'Italian Food Center; la famiglia Lepore di Ferrara Caffé: Alfred, Anna Maria, Adelina e Gabriella; Jean Mandracchia e famiglia; la fu Marietta Maiori-Giovanelli e le sue figlie Adele Rosato ed Olga Cannalonga; la famiglia Migliaccio: Bianca, il fu Arnie "Mig," ed Adele Abolafia; la New York Public Library; Louise Camera Pomilla; Rita Romeo; il fu Michael Sisca, editore di *La Follia*; Padre John F. X. Smith della Chiesa di Nostra Signora di Monte Carmelo a Tuxedo, New York; il fu Rudy Vecoli, e Joel Wurl dell' Immigration History Research Center all'University of Minnesota; Dolores Zacconi e famiglia; Anthony e la fu Sally Amato dell' Amato Opera; e Diana Zimmerman e Maria Del Giudice del Center for Migration Studies.

Ringrazio inoltre la dott. Yvonne Mattevi per la sua assistenza con la traduzione eseguita dallo studente Davide Pezzei che ha curato il mio testo rendendolo fluido e piacevole nel tradurlo dall'inglese all'italiano come suo lavoro di tesi. L'autrice desidera ringraziare Charles Mandracchia per l'abilità e l'assistenza con la grafica al computer e con le fotografie; Laura Giacomelli per l'assistenza nel fare le fotografie; e Vanessa Vacchiano.

Tutte le altre fotografie provengono dall'accumulazione personale dell'autrice, tranne il Grand Theatre alla pagina 93, per la cortesia del Museum of the City of New-York; il teatro di varietà italiano, pagina 95, per la cortesia della New York Historical Society; e molte immagini, troppo numerose da far notare, per la cortesia del Center for Migration Studies.

INTRODUZIONE

La Piccola Italia, "Little Italy" di New York City, è sempre stata uno stato d'animo così come un luogo geografico. Gli italiani e gli ebrei dell'Europa orientale, arrivati dopo il 1880, tendevano a vivere tutti assieme in ghetti più dei precedenti gruppi etnici di immigrati che erano arrivati agli inizi del secolo, forse in parte a causa della lingua. Alla fine del XIX secolo, gli italiani pensavano a se stessi collettivamente come a una colonia italiana, "La Colonia", che comprendeva gli italiani di tutti e cinque i quartieri di New York, dove molte "Piccole Italie" sono emerse, come la sezione di Belmont nel Bronx, e di Brooklyn a Sud, e Bensonhurst e anche in alcune città vicine nel New Jersey che hanno avuto contatti frequenti e quotidiani con gli italiani della città. I quartieri italiani di Manhattan sono circoscritti, ma sparsi in tutta l'isola: East Harlem Italiano, West Greenwich Village e quello che oggi è SoHo, una sezione di West 110th Street e Amsterdam Avenue, East Greenwich Village e, naturalmente, La Piccola Italia, la zona centrale del Lower East Side, a cavallo di Canal Street, a est e a ovest, che è l'area oggetto di questo libro. Oggi si identifica questo quartiere come La Piccola Italia di Manhattan.

Al centro di ció che divenne la Piccola Italia, una volta c'era una fattoria di 135 acri; essa era di proprietà, per la maggior parte del XVIII secolo, dell'olandese Nicola Bayard e della sua famiglia di origine ugonotta francese. La fattoria della famiglia Bayard era situata su una collina appena sopra quella che oggi è l'intersezione tra Hester Street e Mott Street e dominava il silvestre Collect (da "Kalchhook" in olandese) Pond, un lago di cingue acri di acqua dolce. Mentre la città era in espansione, la regione circostante il lago veniva occupata da laboratori di ceramica, concerie, commercianti di tabacco, cordai, macelli, e Coulthardt's Brewery (che, in pochi decenni, sarebbe diventato un caseggiato nocivo di cinque piani, divenuto una missione). Le industrie avevano inquinato il Collect Pond e, tra il 1802 e il 1817, il Municipio fece riempire e livellare lo stagno usando il terreno di Bunker Hill, a nord di quella che oggi è Grand Street, tra Mott Street e Broadway. L'anno 1817 ha visto quindi l'estensione ad est di Anthony Street (ora Worth Street) fino a raggiungere Orange Street (ora Baxter Street) e Cross Street (ex Parco, ora Mosco Street), formando così un'intersezione a cinque punte conosciuta come Cinque Punti, "Five Points," un nome noto che è venuto a riferirsi a tutto il quartiere circostante, descritto anche come la "Bloody Ole Sixth Ward." I suoi confini erano piú o meno Canal Street, Broadway, e poi est di Chatham Street (divenuta poi Park Row) e la Bowery fino all' East River – in altre parole, una gran parte della futura Piccola Italia.

Gli imprenditori del Collect Pond, tra i quali i Lorillards, gli Schermerhorns, e gli Ashdors (più tardi conosciuti come gli Astor), conservarono la loro terra e iniziarono a sviluppare quell'area, costruendo case di legno a due piani, che servivano sia come spazio abitativo che di lavoro per la classe artigiana che divenne obsoleta non appena la produzione industriale di massa prese piede. Il terreno, essenzialmente una palude bonificata, era instabile e s'inondava per la pioggia che intaccava le fondamenta degli edifici e causava malattie. Questo quindi non poteva essere un luogo adatto alle classi privilegiate. Entro il 1825, circa il 25% dei residenti dei Cinque Punti erano immigrati non qualificati, e il 15% erano afro-americani (che vivevano principalmente in Little Water Street). Gli anni 1830, 1840 e 1850 hanno visto un aumento dell'immigrazione in città, i tedeschi prima e poi i cattolici irlandesi, i quali necessitavano alloggi economici vicino al loro luogo di lavoro. Essi gravitarono quindi verso Five Points. Per offrire loro una sistemazione a buon mercato, casamenti affollati sostituirono le case in legno, non appena i residenti più ricchi si trasferirono via, lasciando il vicinato ai poveri. Il quartiere si é riempí quindi di saloon, bordelli, case alloggio seminterrato, sale da gioco, bambini abbandonati, epidemie di colera, ladri, ubriachi, disoccupati, borseggiatori e prostitute.

Nel 1855, solo il 28% dei residenti erano nativi americani, e il 3% erano italiani, che vivevano principalmente a Anthony Street e Orange Street. Nella prima parte del XIX secolo, un certo numero di italiani del nord, rifugiati politici e religiosi, tra i quali Lorenzo Da Ponte e Giuseppe Garibaldi, emigrarono a New York; ma per la maggior parte, essi vivevano al confine di Five Points, mentre la maggioranza dei primi immigrati italiani, quelli piú poveri, vivevano all'interno. Con l'aumento dell'immigrazione, i gruppi di immigrati che erano riusciti ad affermarsi lasciarono il quartiere e si trasferirono. Nel 1870, il censimento degli Stati Uniti contava già 2.790 italiani con residenza a New York. Il quotidiano italiano *L'Eco d'Italia* diede a Cinque Punti il soprannome di "Le Boulevard des Italiens." Nel 1870 iniziava quindi quella che sarebbe diventata la migrazioni di massa italiana, accompagnata da quella ebraica dell'europea orientale dei successivi 50 anni, che avrebbero completamente cambiato i suoni, l'aspetto, e il carattere di tutto il Lower East Side. Nel 1890, il 52% degli italiani di New York City abitava in quella che era ormai un bene radicata "Piccola Italia." Il censimento del 1900 ha mostrato che entro i confini di New York vivevano oltre 225.000 italiani, il che superava all'epoca la popolazione di Roma.

Per tutto il primo quarto del XX secolo, le statistiche sull'immigrazione rivelano un costante flusso di nuovi immigrati. Tuttavia, le leggi restrizioniste sull'immigrazione del 1924 hanno limitato la quota annuale di nuovi immigrati italiani negli Stati Uniti e il quartiere cominciò gradualmente a mostrare gli effetti delle quote restrittive. Inoltre, poiché la seconda e terza generazione di italo-americani ricevette un'educazione e divenne acculturata, si verificó un trasferimento verso la "compagna" in numero sufficiente a formare piccole enclavi italiane, come Staten Island, Bensonhurst Brooklyn, e le "fattorie" nel Bronx e Queens, così come nel New Jersey, Long Island, e Westchester County. Oggi, Little Italy, La Piccola Italia, è più piccola che mai. Ciò che rimane italiano si trova principalmente lungo Mulberry Street, tra Houston Street e Canal Street, e lungo le strade su entrambi i lati delle intersezioni con Hester, Grand, Broome, Spring e Prince Streets. La maggior parte del resto del quartiere ospita la nuova immigrazione cinese e asiatica, continuando così la pratica che la zona ha seguito negli ultimi due secoli.

—Emelise Aleandri
Gennaio 2012
New York City

Dedicato a Francesco Saverio Lamanna, figlio dell' iceman barese, Dan, il cui supporto ha reso possibile questo volume

Uno

INIZI

"Mamma, Mamma, Mamma, damme cendo lire ch'alla 'Merica voglio andà" è il gemito lamentoso di una ragazza immigrata, Rosina, in questo canto folcloristico popolare dell'inizio del XX secolo. Nel 1900, 100.000 nuovi immigrati italiani entrarono in questo paese; nel 1904, 575.000. Anche se il 20–30% di questi migranti fecero rientro in Italia, essendo venuti in America solo per lavorare, la maggior parte si stabilì in America definitivamente, spinti dalla sovrappopolazione e da un'economia instabile in Italia.

SERVIZIO CELERE

Partenze da New York per Napoli e Genova

"Ferd. Palasciano" . 12 Febbraio
"Duca d'Aosta". . 18 Febbraio

Partenza da New York per Napoli e Levante

"America". . . 11 Gennaio

Prima Classe, minimo	$ 220.00
Seconda Classe, minimo. . . .	$ 150.00
Terza Classe, minimo	$ 95.00

Tassa Americana $ 5.00 da aggiungersi

ITALIA - AMERICA
SOCIETA' DI IMPRESE MARITTIME
1 STATE STREET
NEW YORK

Questa pubblicità per la Compagnia di Navigazione Generale Italiana promette servizio rapido per Napoli e Genoa, due dei tre porti da cui gli immigrati erano soliti partire (l'altro era Palermo.) Questi i prezzi nel 1921, un esagerato $95, più una tassa di $5 per la terza classe; le imbarcazioni sono molto più ripide rispetto a quelle precedentementi usate dalla Linea Anchor nel 1914.

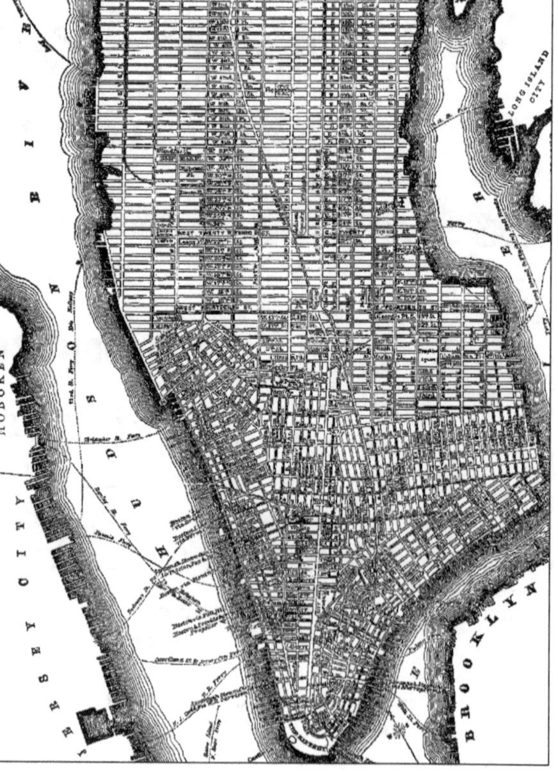

Questa mappa del 1876 mostra l'isola di Manhattan come si presentava ai primi immigrati italiani all'inizio della migrazione di massa. Non ci sono ponti, ma la struttura a scacchiera è già visibile. A Lower Manhattan, Mulberry Bend, cosí chiamata per la curva (bend) a Mulberry Street, nel distretto di Chatham, divenne il cuore della colonia italiana, che aveva per confine a nord Bleecker Street, a sud Worth Street, ad ovest West Broadway, e ad est Bowery.

Nel giugno del 1805, a causa delle pressioni politiche e religiose in Italia, Lorenzo Da Ponte, librettista di Mozart, arrivó a New York e si ricongiunse con i familiari che vivevano a Bayard Street e Bowery. Egli divenne il primo professore di italiano alla Columbia University nel 1825 e fu un promotore instancabile della lingua e della cultura italiana, e anche quando superó i novantanni continuó il suo mandato da casa sua, un centro virtuale della cultura italiana. Nel 1832, fece venire a New York la prima compagnia professionale di opera lirica.

Nel 1819, Da Ponte risiedeva all'angolo di Provost Street e Chapel Street, vicino alla West Broadway di oggi. Nelle vicinanze si poteva godere questa vista, qui a sinistra una rappresentazione del 1812 della Stone Bridge Tavern and Garden. Canal Street era così chiamata perché si trattava di un piccolo torrente che usciva dal Collect Pond verso il fiume Hudson. Un ponte di pietra offriva un attraversamento per Broadway. La scena radicalmente differente (a destra) è del 1876, quando gli italiani cominciarono ad arrivare.

Un altro immigrato italiano celebre a New York è stato Giuseppe Garibaldi, il grande Liberatore italiano, che arrivó a New York come rifugiato nel 1850, dopo il crollo della Repubblica Romana. Alla Piccola Italia, una festa "nazionale" viene celebrata ogni anno il 20 settembre, data che commemora la marcia trionfale di Garibaldi su Roma, che causó la capitolazione del Territorio Vaticano e assicuró l'Unità d'Italia.

Castle Garden, l'ex forte di Castle Clinton, venne poi utilizzato come sala per la musica, dove la famosa cantante Jenny Lind, "l'usignolo svedese," si esibí. Con l'aumentare dei flussi migratori, Castle Garden è stato utilizzato come primo centro di accoglienza ed amministrazione per gli immigrati di New York. Questo disegno del 1872 mostra un agente che distribuisce il pane agli immigrati italiani che erano stati truffati.

La stampa italiana chiamava Ellis Island "L'Isola degli immigranti." Nel 1892, essa ha assunto le funzioni precedentemente eseguite da Castle Garden, inoltre essa aveva dormitori, un ospedale, ed edifici per la quarantena. La Società per la protezione degli immigrati italiani aveva agenti sul posto per assistere gli immigrati al loro arrivo, aiutandoli con i documenti e talvolta scortandoli da Ellis Island alle loro destinazioni nella Piccola Italia

THE SOCIETY FOR THE PROTECTION OF ITALIAN IMMIGRANTS

Entrance to the City from the Ellis Island Boat at Battery.

Here "Runners" formerly fleeced the Newcomers.

Courtesy of Leslie's Weekly

Questo opuscolo è stato pubblicato nel 1901 dalla Società per la protezione degli immigranti italiani, originariamente situata a Pearl Street, numero 17. La società è il luogo in cui i nuovi arrivati si recavano per un consiglio sul lavoro, la casa, o i trasporti. Nel 1903, essa si trasferì a Mulberry Street, al numero 159, tra Hester Street e Grand Street, dove, nel 1912, la Società aveva anche una cappella. Questa sede rimase in funzione solo per un anno.

Queste madri italiane immigrate con i loro bambini (sopra) risiedevano alla Casa San Raffaele degli immigrati italiani (sotto). L'immagine c. 1905 mostra probabilmente come le donne sono in attesa dell'arrivo dei parenti. I Scalabriniani, i Missionari di San Carlo Borromeo, hanno fondato la Società San Raffaele per la protezione degli immigrati italiani di New York nel 1891 e l'hanno tenuta in vita fino al 1923. La Società, che veniva sovvenzionata dal Governo italiano, ha delineato i suoi obiettivi nella sua prima relazione annuale del 1892: aiutare i nuovi arrivati, evitare che cadano in mani disoneste, aiutarli a trovare lavoro, gestire l'assistenza religiosa, fondare una casa di accoglienza per orfani in attesa che i loro parenti li vengano a prendere. Le Suore della Carità Pallottini erano attive anche nella Società San Raffaele.

Un agente della Società per la protezione degli immigrati italiani ascolta delle donne da poco arrivate nella sala d'attesa per donne alla stazione d'immigrazione di Ellis Island nel 1901. Gli agenti della società erano in grado di fungere da interpreti, aiutare gli immigrati a contattare i loro parenti, aiutarli a raggiungere le loro destinazioni finali, e agevolare il passaggio dalla terza classe per la Piccola Italia.

I primi immigrati degli anni 1860 e 1870 trovavano una città, e in particolare il quartiere di Five Points, controllata dal corrotto William Marcy "Boss" Tweed, il capo politico del "Ring", come illustrato in questo famoso caricatura da Thomas Nast nel settimanale *Harper's Weekly*. Supportato da il corrotto Tammany Hall, Tweed era famoso per essersi appropriato di milioni di dollari, soprattutto durante la costruzione del palazzo di giustizia a Chambers Street, al numero 52.

Un' altro sito che gli italiani trovavano a Five Points era il giardino della birra tedesca, con cartelli con su scritto "Lager Bier. . . Grosses Concert. . . Eintritt frei," barili di birra e musica dal vivo. La Volksgarten Beer Hall e il German Opera House erano su Bowery a Bayard Street. Nel 1859, "l'isolato tedesco" si trovava sul lato est di Mott Street, tra Canal Street e Pell Street. La Società tedesca di mutuo soccorso si trovava a Canal Street, al numero 136.

Questa immagine tipica di un manovale che brandisce una pala piena di sassi rappresenta l'occupazione di migliaia dei primi immigrati italiani che lavoravano alla costruzione della rete della metropolitana e a quella ferroviaria, nelle miniere e sulle strade, e nelle fabbriche. Di solito venivano sottopagati e sfruttati da entrambi gli americani e gli italiani padroni; malgrado ció essi riuscivano a risparmiare abbastanza soldi per ripagarsi il viaggio, tornare a casa, e fare tutto di nuovo l'anno successivo.

Secondo

COMUNITÀ

Gran parte degli immigranti scelse di stabilirsi nelle più grosse città della costa orientale. Questa fotografia, scattata a nord della famosa "curva" a Mulberry Street, rappresenta un punto fermo di ciò che era il ghetto italiano. Dato che molti nuovi arrivati erano lavoratori non qualificati, analfabeti tanto in inglese quanto in italiano (la maggior parte parlava solo dialetti regionali), la zona industriale a est degli Stati Uniti era un'attrazione inevitabile. La più grande concentrazione di italiani fu da sempre a New York. Il censimento del 1900 mostra che solo nella città di New York vivevano 225,026 italiani.

Il Mulberry Park fu costruito nel 1897, successivamente al quartiere degradato di Mulberry Bend tra Bayard e Park Streets con le sue topaie, i bar rumorosi e le sale da ballo che erano state demolite grazie agli sforzi di Jacob Riis. La donna, che indossa un costume tradizionale in questa immagine tratta dal giornale di cultura *Harper's Weekly*, sembra amare particolarmente l'atmosfera pubblica del nuovo parco. Il giornale si schiera favorevolmente per la bonifica di questo quartiere malfamato.

Fiorello La Guardia, sindaco di New York dal 1933 al 1945, era affettuosamente conosciuto con il nome di "Little Flower" (Piccolo Fiore). Mentre studiava legge, faceva l'interprete per gli immigranti a Ellis Island. Dopo la sua elezione, La Guardia trovò una statua raffigurante Colombo nel seminterrato del municipio e decise così di posarla a Mulberry Street Park e rinominare il parco Columbus Park.

Non tutti i bambini italiani immigrati erano orfani scalzi e musicisti di strada. Questi due bambini in età prescolare, Alfredo e Armando Campomenosi, hanno beneficiato del successo raggiunto grazie alla fabbrica di fiori artificiali del padre, Pietro Campomenosi, nato nel 1868 a Santostefano Val d'Aveto, in Liguria. Arrivò negli Stati Uniti nel 1884 e si inserì nell'industria dei fiori artificiali situata a Bleecker Street, numero 136. Si è poi trasferito a West Broadway, numero 542–544, dove assunse 25 uomini e 175 donne, tutti italiani.

Il giovane Joseph La Barbera si regge orgogliosamente in piedi su una strada di ciottoli appoggiato a una colonna della ferrovia elevata di Third Avenue nel 1919. Questa fotografia predice il futuro, poiché, il nuovo mezzo di trasporto veloce, facile, ed economico permetteva sempre più ai lavoratori e operai immigrati di vivere lontano dalla congestione della città, ma allo stesso tempo di lavorare nelle aree industriali del centro città. La Barbera si trasferì nel Bronx; sfortunatamente morì all'età di 28 anni.

I membri della famiglia La Barbera vivevano a Elizabeth Street quando Maria "Marietta" La Barbera (qui, a sinistra con il figlio Joseph) arrivò a New York nel 1910 all'età di 15 anni da Villafrate, alla periferia di Palermo. La mamma di Marietta, Domenica (sotto, con una nipote nel 1919), arrivò nel 1914. Maria sposò il fornitore di articoli per barbiere Joseph Ligammari e si trasferì con lui a Chicago. Quando quest'ultimo morì, nel 1924, appena prima della nascita del figlio Joseph, Maria ritornò a New York. Qui, si risposò con Ciro Nasti, uno scaricatore di porto, da cui ebbe una figlia, Concetta "Jean." Nasti morì nel 1929. Si sposò una terza e ultima volta con Santo Grasso nel 1938. Anche Marietta lavorava, ricamando decorazioni sui vestiti.

Giuseppe Mazzini era un sostenitore della libertà religiosa e di un'Italia unita. La comunità italiana a New York nella prima metà del XIX secolo era perlopiù formata da rifugiati politici e religiosi provenienti dal nord Italia. Questa società organizzò una raccolta fondi per il busto di Mazzini, scolpito da Giovanni Turini. Il busto è stato piazzato a Central Park nel 1876. Turini ha scolpito anche la statua di un altro sostenitore della repubblica, Giuseppe Garibaldi, ora a Washington Square Park.

La comunità era un insieme di associazioni fraterne, benevole e filantropiche guidate da uomini d'affari italiani. Vito Contessa, nato ad Atella in Basilicata nel 1860, immigrò negli Stati Uniti nel 1885, lavorò come costruttore e diventò attivo in politica democratica e organizzazioni filantropiche italiane. Era un ufficiale dell'Italian Savings Bank (Banca di Risparmio Italiana) a Spring Street, numero 62–68, che aprì nel 1896. Presidente dell'associazione benevola Sons of Columbus Legion, prestò inoltre servizio a imprese comunitarie, tra cui l'Istituto Italiano di Benevolenza.

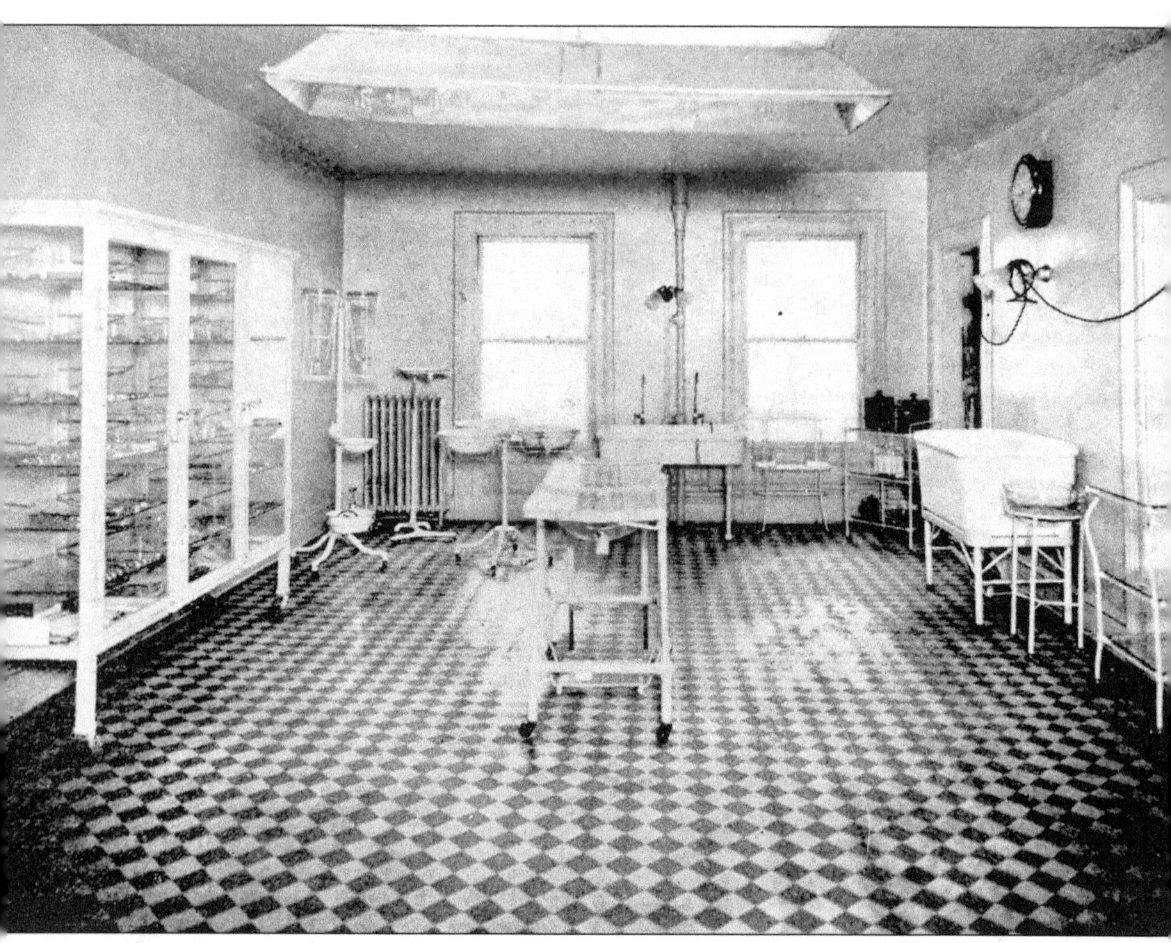

Il trasferimento da un ambiente rurale a case popolari congestionate rese molti immigrati vulnerabili alla tubercolosi. Nel pezzo di strada tra Market Slip e Catherine, Cherry, e Hamilton Streets, si verificarono 404 casi di tubercolosi c. 1906. L'Istituto Italiano di Benevolenza si interessava delle condizioni di salute e benessere degli immigrati italiani alla Piccola Italia. Infermiere e dottori furono assunti per far fronte a questo problema. M. Caturani, M.D., che si laureò in medicina a Napoli nel 1899, dirigeva la clinica ginecologica c. 1906. La sala operatoria è raffigurata nell'immagine sopra. L'istituto fu fondato nel 1857 a Broadway, al numero 7, venne registrato nel 1885, e il primo palazzo aprì nel 1888 a Varick Place, numero 20, per poi trasferirsi a Hancock Street, numero 27, nel 1901 e successivamente a West Houston Street, numero 165–167, nel 1902. Quest'ultimo era formato da tre edifici, ognuno con cinque piani. I benefattori della Piccola Italia sostenevano l'Istituto e sponsorizzavano le raccolte fondi. Nel 1908, il presidente della società era il Reverendo John M. Farley, arcivescovo di New York; il direttore invece era il Reverendo dott. Gherardo Ferrante.

L'Ordine dei Figli d'Italia in America fu fondato il 22 giugno 1905 dal dott. Vincenzo Sellaro (1868–1932) presso il suo ufficio e la scuola per levatrici a Grand Street, numero 203. Il dott. Sellaro fu aiutato dal farmacista Ludovico Ferrari, dall'avvocato Antonio Marzullo, dallo scultore Giuseppe Carlino, dai barbieri Pietro Viscardi e Roberto Merlo, e dal dott. Vincenzo Buffa, chirurgo ostetrico a Stanton Street, numero 28. Nato a Polizzi, Generosa, Sicilia, Sellaro si laureò in medicina all'Università di Napoli nel 1895 e arrivò a New York nel 1897.

L'Ordine dei Figli d'Italia in America era conosciuto con il nome Supreme Lodge of the Sons of Italy. La targa (sopra) posta a Grand Street, commemora il sito e la data di fondazione. Lo scopo dell'ordine era di riunire sotto un'unica organizzazione tutte le società di immigrati italiani in America e mettere a disposizione incoraggiamento, educazione, e risorse per i propri membri.

Questi sopravvissuti al terremoto di Messina del 28 dicembre 1908 furono assistiti dalla Società di San Raffaele per la protezione degli immigrati italiani nel 1909. Il terremoto lasciò famiglie come questa senza casa e il Governo italiano impotente. I membri della famiglia erano papà Pasquale Lango di 50 anni, mamma Giuseppa Battaglia di 48 anni, le figlie Nunzia, di 14, Salvatrice, di 10, e Petrina, di 9 anni. L'associazione li ospitò nel proprio ospizio mentre cercava di far riunire la famiglia con un parente.

Insieme alle associazioni di volontariato, un altro fattore sociale di unificazione per gli immigrati della Piccola Italia era la stampa italo-americana, nelle quali venivano pubblicizzate le imprese, venivano annunciati eventi sociali, veniva narrata la vita di ogni giorno del quartiere, e venivano riportati eventi accaduti in Italia. Nel 1880, Carlo Barsotti fondò uno dei più conosciuti giornali italo-americani, *Il Progresso Italo-Americano*, a Elm Street, numero 42, che continuò a esistere fino al tardo XX secolo. Bassotti era sia il direttore sia l'editore del giornale. Venne nominato "Cav. Uff." (Cavaliere Ufficiale) dal Governo italiano per il lavoro riguardante il giornale e per avere supportato lo splendore dell'Italia (particolare era la sua campagna per erigere statue di eroi italiani). Nel 1946, dopo la guerra, *Il Progresso* lanciò la campagna di raccolta fondi in aiuto all'Italia.

IL PROGRESSO ITALO-AMERICANO

ESTABLISHED - 1880

MEMBER:
AMERICAN NEWSPAPER PUBLISHERS
ASSOCIATION
AUDIT BUREAU OF CIRCULATIONS

CAV. UFF. CARLO BARSOTTI
PUBLISHER AND EDITOR
42 ELM STREET
NEW YORK

CABLE ADDRESS
AIRDRUM, NEW Y
PHONES:
FRANKLIN 2370 - 2371

ALL CORRESPONDENCE MUST BE ADDRESSED TO THE FIRM

Il monumento, alto 23 metri, in onore di Cristoforo Colombo, posizionato a Columbus Circle, fu scolpito dal siciliano Gaetano Russo. Il corpo di Colombo, alto 8 metri, è interamente fatto di marmo di Carrara. Il piedistallo quadrato mette in mostra un giovane ragazzo con le ali che tocca un globo (allegoria della scoperta), e le tre navi di Colombo. La colonna infatti presenta sei prue di nave. Il monumento venne finanziato dagli italiani tramite la campagna de *Il Progresso*. Anche le organizzazioni italo-americane locali raccolsero delle somme di denaro considerevoli. Gruppi di enti locali, inclusi gli studenti della scuola Teodoro Palumbo, a Prince Street, numero 54, raccolsero fondi tra il 1889 e il 1890. Il monumento venne inaugurato il 12 ottobre del 1892, dedicato ai quattrocento anni della scoperta dell'America. Presenziarono circa 10.000 persone, inclusi rappresentanti di Spagna e Italia. La cerimonia era costituita da discorsi, spettacoli d'acqua, esercitazioni militari, e balli.

Nel 1901, Carlo Barsotti lanciò una nuova campagna nazionale tramite *Il Progresso* per un monumento in memoria del compositore Giuseppe Verdi, che era morto da poco. Pasquale Civiletti scolpì la statua in marmo bianco di Carrara. A tenere compagnia a Verdi ci sono alcuni dei personaggi più importanti delle sue opere: Otello, Leonora, Falstaff, e Aida. Il memoriale è situato di fronte all'Hotel Astonia (sullo sfondo), nel cuore di ciò che una volta era un quartiere dove vivevano, lavoravano, e si esercitavano musicisti e cantanti.

La quinta campagna di raccolta offerte promossa da *Il Progresso* era per un monumento a Dante Alighieri. E' stata lanciata da Barsotti nel 1912 per celebrare i trent'anni dell'unificazione dell'Italia. La Piccola Italia, comunque, sospettava che Barsotti avesse intenzioni ambiziose piuttosto che patriottiche. Nonostante ciò, i soldi furono raccolti e la statua eretta, anche se solo nove anni dopo, nel 1921, in occasione del seicentesimo anniversario dalla morte di Dante, autore della *Divina Commedia*.

Agostino De Biasi ed il suo staff di quattro uomini sono raffigurati a *Il Progresso Italo-Americano*, a Elm Street, numero 42. De Biasi fu l'editore in carica dal 1900 al 1911. Anche suo fratello minore, Carlo (1896–1975), si occupava di editoria. Gestì il settimanale cattolico italiano il *Crociato* a Brooklyn dal 1933 fino al suo pensionamento nel 1963.

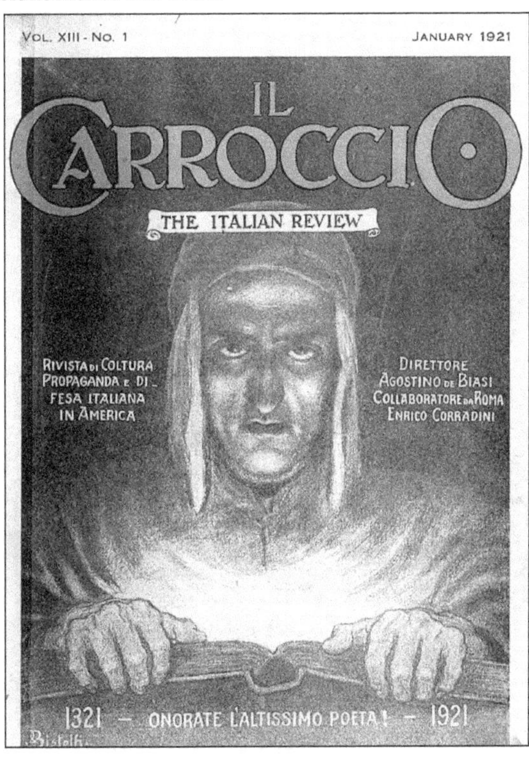

Agostino De Biasi fondò la casa editrice Il Carroccio nel 1915, a Nassau Street, numero 150. Ha creato il mensile *Il Carroccio, Italian Review* (Recensione italiana), che trattava e pubblicizzava tutto ciò che riguardava gli affari, le banche, e le personalità della Piccola Italia. La copertina di questa edizione del 1921 raffigura un ritratto di Dante, probabilmente per coincidere con l'anno della costruzione della statua di Dante. Vennero inserite diverse pubblicazioni di questo poeta

Alessandro Sisca, il cui pseudonimo era Riccardo Cordiferro, fondò nel gennaio 1893 con il padre ed il fratello Marziale, il giornale letterario *La Follia*. Gli uffici si trovavano a Mott Street, numero 151, a Grand Street, numero 202, ed infine a Lafayette Street, numero 226. Il giornale era letto in larga misura ed i suoi articoli letterari e commenti politici esponevano solitamente una dottrina socialista che gli fece guadagnare il titolo di "il cantore di Musa Rossa."

Michael Sisca (a destra), fotografato con l'amico tenore Tito Schipa, era il nipote di Cordiferro e figlio di Marziale Sisca. Dopo la morte del padre nel 1965, continuò a pubblicare La Follia, con sede a Canal Street, numero 511, fino alla sua morte nel 1997 all'età di 93. Era amico di Enrico Caruso ed appassionato di opera. *La Follia* ha pubblicato molte caricature di gente famosa, incluse personalità della Piccola Italia ad opera di Caruso.

Il dott. Luigi Pane era nato a Torre del Greco nel 1867 ed era l'editore di Piedigrotta, una rivista che commemorava il festival canoro napoletano del 1907 a Mulberry Street, numero 109. Questo evento ha fatto uscire tutta la Piccola Italia, e la rivista consiste in un profilo della comunità. Il titolo completo della pubblicazione era *Piedigrotta alla Villa Vittorio Emanuele III*. Pane era anche direttore del *Corriere Vesuviano*.

Il dott. Oreste Fermariello era uno scrittore blasonato ed un poeta appassionato di dialettica, descritto dal direttore della rivista commemorativa *Piedigrotta*, Luigi Pane, come "dotto e talentuoso." Data la sua rispettabilità, nel 1907 Fermariello fu membro del comitato d'esame di Piedigrotta insieme ad altri distinti scrittori e poeti della Piccola Italia.

Gaetano Sorrentino, artista e arredatore d'interni, nasce a Napoli nel 1869, dove studiò all'Istituto delle Belle Arti. Arrivato a New York nel 1907, solo alcuni mesi prima del festival di settembre, gli fu commissionata la riprogettazione degli interni di Villa Vittorio Emanuele III, a Mulberry Street, numero 109; creò anche il disegno della copertina per il programma commemorativo.

Raffaello Beraglia era proprietario della Beraglia Press, a Mulberry Street, numero 169, tra Grand e Broome Streets. Non solo stampò gratuitamente la rivista Piedigrotta per la comunità, ma anche altre opere letterarie. Era partner e proprietario insieme ad A. Palmieri di Sala Elena, una sala biliardo ed eventi a Broome Street, numero 381, tra Mott e Mulberry Streets. Il manager era G. A. Megna.

IL CARROCCIO PUBLISHING CO. Inc.

CAPITALE SOCIALE: $50.000.00 PRES.: AGOSTINO DE BIASI

Servitevi dello

STABILIMENTO TIPOGRAFICO DEL CARROCCIO

Puo' sostenere il confronto con i migliori stabilimenti americani - gode il primato fra quelli italiani. Per una stampa nitida ed elegante si chiede oggi l'opera artistica, attenta, sollecita dello

STABILIMENTO TIPOGRAFICO ITALIANO

THE EMPORIUM PRESS

105-111 WOOSTER ST., NEW YORK

(tra Spring e Prince streets, presso West Broadway)

IL CARROCCIO PUBLISHING CO., Inc., ha assunto la proprieta' dello Stabilimento Tipografico Italiano da 14 anni conosciuto con l'accreditato nome: THE EMPORIUM PRESS.

THE EMPORIUM PRESS, e' fornita del migliore macchinario e dei piu' moderni caratteri. Ogni suo lavoro reca un particolare segno d'arte e distinzione.

LAVORI D'OGNI QUALITA': Libri - riviste - opuscoli - giornali - cataloghi - manifesti - circolari - carta e buste di ufficio intestate - programmi artistici - menus - registri e moduli commerciali, di banche, di navigazione - fatture - etichette - calendari - cartoline illustrate - carta da lettere - biglietti d'augurio e di visita.

Specialita': lavori a colori - impressione perfetta di incisioni - stampa a rilievo tipo-litografico.

- LA MIGLIORE CARTA
- I FREGI PIU' ARTISTICI
- I TIPI PIU' MODERNI
- IL LAVORO PIU' ACCURATO
- IL SERVIZIO PIU' SOLLECITO
- I PREZZI PIU' CONVENIENTI

TUTTI GLI OGGETTI DI CANCELLERIA PER PICCOLI E GRANDI UFFICI

La Stamperia del CARROCCIO e' la Stamperia di tutti i sostenitori, amici, simpatizzanti della Rivista.

SPECIALE SERVIZIO PEI CLIENTI FUORI NEW YORK

L'Emporium Press, lo stabilimento tipografico italiano, a Wooster Street, numero 105–111, tra Spring e Prince Streets, eseguiva ogni tipo di stampa e pubblicazione per la comunità. Gestito dalla famiglia De Biasi, prometteva la migliore carta, tipi di carattere moderni, il lavoro più accurato, ed i prezzi più convenienti. L'azienda prometteva di competere con i migliori case editrici americane.

Nel 1895, il sindaco William Strong nominò Theodore Roosevelt presidente del consiglio di polizia di New York. Il suo scopo era di "assicurare un'unità di polizia onesta ed efficiente;" gli uffici di Roosevelt erano nel palazzo a Mulberry Street, numero 300. Durante la sua direzione, ricevette lodi per correttezza, onestà e amministrazione. Lasciò l'incarico due anni dopo per fare l'assistente segretario nella marina militare per il Presidente William McKinley.

Il famoso distretto di polizia della Piccola Italia era situato a Mulberry Street, numero 300, tra Houston e Bleecker Streets – il vecchio palazzo sede del quartier generale della polizia di New York, era casa del poliziotto Giuseppe (Joseph) Petrosino. La struttura di quattro piani, fatta di pietra, progettata da Thomas Little, ospitò il nuovo distretto della polizia metropolitana dal 1863 al 1909. Dal 1910, la costruzione venne utilizzata anche in funzione di pretura, di tribunale per le infrazioni al codice della strada, uffici del catasto, e, fino al 1961, come Home Term Court.

Il tenente Giuseppe "Joe" Petrosino nacque a Padula, vicino a Salerno, nel 1860 ed emigrò negli Stati Uniti nel 1873. Viveva di fronte a Kenmare Square Park (ora Petrosino Park) a Lafayette Street e Cleveland Place. Nel 1883 si arruolò nel dipartimento di polizia di New York. Divenne sergente nel 1895 con raccomandazione di Roosevelt. Le sue capacità, tra le altre, comprendevano il camuffamento sotto copertura e la conoscenza dei dialetti italiani, che facilitavano la sua battaglia contro la Mano Nera, organizzazione criminale segreta americana dell'epoca. Era soprannominato "Detective con la Bombetta" (Detective in the Derby). Indossava sempre la sua bombetta, così come le scarpe con doppia suola per nascondere la sua statura di 1 metro e 60. Nel 1905, quando divenne tenente, fu nominato capo della "Legione Italiana," con lo scopo di combattere il crimine organizzato. Circa 500 gangster furono imprigionati grazie al lavoro della Legione.

L'abilità di Joe Petrosino nel comprendere i dialetti lo aiutò a capire che il crimine organizzato italiano nella città aveva le sue radici in Sicilia. Decise di andare in Sicilia per condurre un'investigazione sotto copertura sulla Mano Nera. Tuttavia, nel marzo 1909, mentre camminava vicino alla statua di Garibaldi in Piazza Marina a Palermo, fu colpito e ucciso da un uomo armato. Dopo l'omicidio, il corpo di Petrosino fu riportato a New York. Alla processione per il suo funerale alla Piccola Italia, guidata da un carro funebre trainato da sei cavalli, parteciparono 250.000 persone, che affollarono tutte le vie del quartiere. Il Kenmare Square Park, a Lafayette Street e Kenmare Place, vicino a casa sua, fu rinominato in onore di questo valoroso poliziotto. Venne inventata una ballata che raccontava la storia della sua vita e morte. Dopo la sua morte la guida del corpo di polizia italiano fu affidata a "Treat 'em Rough" (Trattateli duramente) così chiamato Mike Fiaschetti, il quale mandò 100 uomini alla sedia elettrica.

Giulia Grilli, avvocato americano, è stata una delle prime femministe italo-americane della comunità. Era anche una delle fondatrici dell'ordine delle donne avvocato e diede il via ad un'azione legale che potesse portare le donne a presenziare nelle giurie nello stato di New York. Nel 1921 venne supportata dal club delle donne democratiche per la carica di giudice. Suo padre, Cav. Nicola Grilli, proveniva da Sulmona, Abruzzo.

Per molti immigranti, Mulberry Street *era* tutto ciò che conoscevano dell'America. Per altri, Mulberry Street era la Piccola Italia, ed ora più che mai. Questa strada ha ispirato diverse pitture, romanzi, opere, poesie, e film, nei quali si cercava di ricreare la nostalgia di un periodo in cui le donne vestivano gonne lunghe e gli uomini cappelli e bombette e negoziavano la merce direttamente sulla strada, sui carretti, nel loro commercio giornaliero. La sceneggiatura *The Contessa of Mulberry Street*, venne scritta in inglese da N. D. Belitto negli anni sessanta. La produzione off-Broadway venne descritta dalla stampa come "una recita di uno spaccato di vita" vissuta delle persone italo-americane di New York. La trama gira intorno a pagamenti di mobilio non effettuati, debiti di gioco, e amori giovanili. Con questi tratti melodrammatici, non ci si allontana tanto dall'opera scritta nel 1898 da Bernardino Ciambelli, *La Trovatella di Mulberry Street*.

Little Italy ha da sempre avuto le proprie celebrità, ed Enrico Caruso fu una delle prime. Le sue amicizie nella Piccola Italia comprendevano la famiglia Sisca, il banchiere di Mulberry Street Angelo Legniti ed intrattenitori degli auditorium e dei locali notturni della Piccola Italia, come Farfariello e Guglielmo Ricciardi, spettacoli dei quali vennero apprezzati dallo stesso Caruso.

La leggenda del baseball Phil Rizzuto, il "Piccolo Scooter" (Little Scooter), gusta un cannolo con Anna Maria Lepore della pasticceria Ferrara. Rizzuto era la voce della pubblicità radiofonica "Holy Cannoli," organizzata da Lepore per la famosa pasticceria. Prometteva "il Paradiso nel Cuore della Piccola Italia." Partendo dal primo caffè nel 1892, l'attività della famiglia Lepore è oggi alla sua quarta generazione.

La Piccola Italia è sempre stata una fermata obbligatoria per i politici in cerca di voti. Negli anni sessanta, Nelson Rockefeller (seduto, con la mano alzata) ed i suoi sostenitori si fermarono per un dessert durante la campagna elettorale. Licia Albanese, che nella foto indossa un cappello bianco e regge una paletta elettorale, divenne una diva del Metropolitan Opera. Oltre a questo, cantava alla radio. Arturo Toscanini la scelse per essere la soprano della sua trasmissione annuale Gala dell'Opera. Registrò su dischi della casa discografica Victor. Oggi, è a capo della fondazione Puccini. Dietro di lei, vediamo Pietro Lepore, proprietario di Ferrara.

Alphonse D'Amato (destra) guarda Ronald Reagan mentre assaggia un cannolo. Dietro il banco, il membro della famiglia Edward Scoppa III fotografa Reagan, mentre, alla sua sinistra, i cugini Louise ed Ernest Lepore guardano il presidente.

Questo edificio a Mulberry Street venne costruito nel 1926 dal padre di John Esposito, che possedeva il mercato della carne al primo piano di una casa situata dall'altra parte della strada. La costruzione venne dedicata ad Anna Esposito in ricordo della vita di una donna vissuta interamente alla Piccola Italia.

Nel 1855, a Mott Street al di sotto di Canal Street, le famiglie tedesche occuparono quella che sarebbe diventata la futura Chinatown. Nel 1872 vi erano solo 12 cinesi in quest'area, mentre nel 1880 erano diventati 700. Tom Lee, il "Great Mongolian Magnate" (Grande Magnate Mongolo) fondò la prima società cinese di mutuo soccorso, Loon Ye Tong, a Mott Street, numero 16–18. Nella fotografia si vede un negozio cinese c 1900. Oggi i cinesi occupano quella che una volta era la Piccola Italia sopra e sotto Canal Street, con l'eccezione di Mulberry Street e le sue intersezioni.

Terzo

RELIGIONE

Il matrimonio è uno dei sette sacramenti nella liturgia del cattolicesimo, la fede più professata dagli italiani alla Piccola Italia. Il 3 luglio 1932, nella vecchia chiesa di San Patrizio (St. Patrick) a Mott e Prince Streets si celebrò il matrimonio di Pietro Lepore ed Eleanor "Ida" Scoppa (seduti rispettivamente terzo e quarta da sinistra). In piedi dietro agli sposi dal centro verso destra troviamo Marcia Scoppa, Ettore "Willie" Scoppa, Elisa Bellincampi, e il suo futuro marito, Philip Scoppa. Sia Lepore, che era il nipote di Antonio Ferrara, che i fratelli Enrico e Eduardo Scoppa, lavoravano al Caffè Ferrara a Grand Street, numero 195. Quest'unione matrimoniale diede vita a un'azienda a gestione familiare che continua da quattro generazioni, ed è ancora attiva oggi.

Il matrimonio Lepore-Scoppa fu celebrato sull'altare principale di San Patrizio (St. Patrick). Domenico Borgia scolpì la statua centrale di Jean Baptiste de la Salle, fondatore dei Fratelli delle Scuole Cristiane. Progettata nel 1815, la chiesa venne distrutta da un incendio nel 1866. Riprogettata e ricostruita nel 1868, San Patrizio rimase come prima cattedrale cattolica romana a New York fino al 1879, anno in cui venne completata la nuova cattedrale sulla 5th Avenue.

L'interno del cimitero di San Patrizio è accessibile attraverso queste grandi porte di ferro. Tra i tanti newyorkesi sepolti qui ci sono Stephen Jumel, noto commerciante; Andrew Morris, il primo uomo cattolico ad avere un pubblico impiego a New York; Pierre Toussaint, schiavo haitiano liberato e candidato alla santità; e Madre Elizabeth Seton. Raffigurati sul portone del cimitero ci sono i produttori di uno spettacolo a San Patrizio riguardante gli immigrati italiani.

Il matrimonio combinato tra il vedovo Andrea Camera di Mott Street, numero 291 e Luisa Gambardella di Mott Street, numero 211, venne celebrato il 13 febbraio 1894 nella chiesa di Nostra Signora di Loreto, a Elizabeth Street, numero 303, cinque giorni dopo l'arrivo a New York di Luisa con la nave Massilia. Camera, originario di Amalfi, era un professore di musica, un compositore, e un capobanda, che dirigeva concerti dentro e fuori la Piccola Italia.

La famiglia La Barbera di Elizabeth Street celebrò questo matrimonio nel 1923 tra Frank La Barbera e Edna, una giovane donna di discendenza tedesca. I testimoni erano Celestina La Barbera, sorella dello sposo, e Joseph Castrogiovanni, che successivamente sposerà Celestina. Frank La Barbera aveva un negozio in cui vendeva salumi e mozzarella.

Non tutte le coppie cattoliche si sposavano in chiesa. Questo matrimonio tra Vladimiro Lutterotti ed Emma Albertini si tenne il 30 giugno 1917, nel vicino municipio a Centre Street. Albertini era salpata da Genova, e quando arrivò a New York, nel 1899, lavorava come ricamatrice. Lutterotti, invece, arrivò nel 1913, ed era un artista e disegnatore proveniente da Riva del Garda. Morì durante l'epidemia influenzale del 1919.

Il rito del battesimo è il primo sacramento che riceve un cattolico, il prerequisito per essere ammessi a ricevere gli altri sei. Questo ampio vestito era il costume originale per neonato, maschio o femmina, che stava per essere ammesso nel mondo cattolico.

La Prima Comunione è il secondo sacramento che si riceve, di solito all'età di sette anni, quando si pensa che i bambini abbiano raggiunto l'età della ragione. Dopo gli insegnamenti e gli esami al catechismo, il sacramento si dona a tutti quelli che lo possono ricevere. Le bambine si vestono come spose in miniatura con vestitini bianchi e veli corti. Nei giorni in cui si tenevano feste in strada, le bambine indossavano di nuovo il vestitino; venivano chiamate verginelle ed erano sospese sopra la strada con dei fili attaccati alla vita, in modo che simulassero il volo degli angeli. Concetta "Jean" Nasti (destra), figlia di Marietta La Barbera e Ciro Nasti, fa la sua Prima Comunione, così come Anna Maria Lepore (sotto), figlia di Pietro Lepore e Ida Scoppa.

Gli italiani non professavano la loro religione solamente in chiesa. Registrazioni di prediche, opere, e inni, venivano trasmesse per radio in tutta la Piccola Italia. Le sale delle chiese erano spesso sede di rappresentazioni e spettacoli con temi religiosi per celebrare le festività più importanti del calendario liturgico, nonché per rafforzare la fede. Gli impresari teatrali conoscevano sempre il momento opportuno per portare una rappresentazione melodrammatica in pubblico. Sopra, *La Madonna dei Soldati* è stata prodotta da Rocco De Russo nel 1944. Per la Pasqua del 1938 Attilio Barbato diresse *I Dieci Comandamenti*, una tragedia religiosa radiofonica di Carlo Garuffi, creata secondo le memorie di G. Lo Presti. Alcune scene in calendario erano "La Piccola Orfana del Convento di Santa Maria degli Angeli" e "Angelo e Demone."

La chiesa cattolica di St. James era situata a James Street, numero 32, all'incrocio di New Bowery (St. James Place), sin dal 1876, quando il pastore era F. H. Farrelly. Vicino, a Roosevelt Street, numero 22–24, e James Street, c'era la parrocchia di San Gioacchino (St. Joachim), una vecchia chiesa prima protestante, costruita nel 1888 dagli scalabriniani.

Padre Vincenzo Yannuzzi era pastore di San Gioacchino nel 1908. Era assistito dai Reverendi Padre V. Cangiano, A. L. Strazzoni, e V. Cardinale. Yannuzzi era molto attivo nel rafforzare la fede dei suoi parrocchiani, organizzando tra gli italiani gruppi di volontariato, inclusa una scuola per l'insegnamento dell'inglese. Alcune delle organizzazioni della parrocchia erano la Società di San Vincenzo de Paoli, la Società di San Giuseppe (per padri di famiglia), la Società delle Madri Cristiane, l'Associazione delle bambine di Maria (per giovani donne) e la Società di San Luigi Gonzaga (per giovani uomini).

Santa Francesca Xavier Cabrini (1850–1917), "Santa degli immigranti," fu la prima americana ad essere canonizzata dalla chiesa cattolica. La Piccola Italia aveva un particolare affetto nei suoi confronti perché, anch'essa immigrata nel 1889, viveva e lavorava in mezzo agli italiani. Membro dell'Istituto delle Missionarie del Sacro Cuore di Gesù, iniziò la scuola di Trasfigurazione a Mott Street. Per i bambini di Madre Cabrini, Francesco Barilla e sua moglie riempirono borse di dolciumi dal loro negozio a East Houston Street.

La devozione per Madre Cabrini ispirò programmazioni radiofoniche e spettacoli riguardanti le suore, all'epoca molto popolari. Clemente Giglio, che viveva a Elizabeth Street, numero 246, diresse *La Monaca Bianca* per la radio e le sale delle chiese; l'opera venne interpretato da sua moglie, suo figlio Sandrino, gli attori Frank Mascetta, Gioacchino Magni, Luigi Marmorino, e l'attrice Stella Bruno.

La cantante popolare Rina Telli (a destra), interpretò il ruolo di una suora in una produzione musicale nella quale cantava inni. Nel 1941, Marietta Maiori (sotto) recitò nei panni di Suora Celeste ne *La Preghiera di Pompei—La Canzone della Speranza.* Questa "sensazionale opera di fede e sublime martirio," con un'introduzione e dieci atti, era una delle tante rappresentazioni a tema religioso, scritte, interpretate, e dirette da Orazio Cammi, al programma radiofonico *Lazzara* e presentate nelle sale delle chiese della Piccola Italia.

Il reverendo salesiano di Don Giovanni Bosco, Ernesto Coppo, arrivò a New York nel 1908 allo scopo di lavorare con il crescente numero di immigrati italiani alla Piccola Italia. Nel 1902, divenne il Rettore della Chiesa di Trasfigurazione e risiedeva nella canonica a Mott Street, numero 20. Nel 1903 Coppo divenne presidente del St. Joseph's College a Troy, New York.

Una vecchia chiesa prima episcopale, poi luterana, venne comperata dall'arcivescovo John Hughes e divenne la Chiesa Cattolica della Trasfigurazione. Una costruzione Georgiana con finestre gotiche, sita a Mott Street e Park (la vecchia Cross Street, ora Mosco Street). Nel 1878, gli italiani dovevano seguire la messa nel seminterrato poiché la congregazione americana li escludeva dalla chiesa principale. Allora, il rettore era James McGean. Nel 1889, i padri scalabrini crearono una missione per gli italiani nel seminterrato.

Nel 1888 le funzioni religiose per la futura Chiesa del Preziosissima Sangue si raccolsero in un negozio a Centre Street (Rynders Street) fino a quando, nel 1890, la chiesa non aprì a Baxter Street, tra Canal e Hester Streets, dai Padri di San Carlo Borromeo (scalabriniani). Nel 1894, la chiesa era amministrata dai francescani. Era la prima chiesa costruita a Manhattan ad essere finanziata esclusivamente da italiani. Un bassorilievo dettagliato (sopra) mette in evidenza il calice di sangue da cui prende il nome la chiesa. Attraverso queste porte passarono la popolare attrice Marietta Maiori quando sposò Attilio Giovannelli, celebre violinista e direttore d'orchestra, domenica 7 ottobre, 1916.

La Società di San Gennaro (sotto), nel 1895, aveva la sua sede a Mulberry Street, numero 165. Al centro si trova il Commendatore Antonio Ferrara. La Chiesa del Preziosissima Sangue è sede del'altare di San Gennaro, il patrono di Napoli e Mulberry Street. La festa per il patrono è celebrata nelle strade della Piccola Italia per 11 giorni in settembre, durante i quali l'effigie del santo (sopra) è trasportata in processione.

Grandi Festeggiamenti in onore di

S. ANTONIO DI PADOVA

Sotto gli auspici della Societa' S. Antonio fra i Giovinazzesi di New York e dintorni

CHE SI CELEBRERA' NEI GIORNI

24 - 25 - 26 GIUGNO 1960

in Mott, Hester e Grand Streets, New York City

PROGRAMMA

Illuminazione a cura della rinomata ditta ARNOLDO MIGLIACCIO e Figli da NewYork

VENERDI 24 GIUGNO

Ore 7.30 p. m. - Apertura della festa con la famosa NUOVA BANDA BAGNARA diretta dal valente Maestro VINCENT FEDELE, la quale allietera' il Rione Italiano di New York.

Ore 8 p. m. - Grande Mandolinata diretta dal Maestro Giuseppe Alagona con la partecipazione dei seguenti artisti:

MARIA ARGENTINA
SALVATORE PIROZZI
CATERINA CAPUTO
ANTONIO TERREZZA
LA SORRENTINA

Maestro di Cerimonie, Pasquale Cajano

SABATO 25 GIUGNO

Ore 10 a. m. - Giro nel Rione Italiano della Nuova Banda Bagnara.

Ore 10.30 a. m. - Nella Chiesa del Preziosissimo Sangue, 113 Baxter St., N. Y. sara' celebrata una Messa Solenne, con Panegirico, in onore di S. Antonio di Padova con la partecipazione di tutti i membri della Societa'

Ore 3 p. m. - Solenne Processione di S. Antonio con l'intervento di tutti i membri della Societa' e di molti fedeli devoti del Santo.

Ore 8 p. m. - Grande Mandolinata diretta dallo stesso Maestro e con la partecipazione dei seguenti artisti:

ROSA COSTANZA
AL CARR
I DUE MENESTRELLI
RITA BERTI

Maestro di Cerimonie, Pasquale Cajano

DOMENICA 26 GIUGNO

Ore 8 p. m. - La stessa orchestra come la sera precedente, con i sottoelencati differenti artisti: VIOLETTA DEI,
LELLO CASTALDO
COSTANZA RINALDI
FEDERICO PICCIANO
RINA TELLI

Maestro di Cerimonie, Pasquale Cajano

COMITATO FESTA

Joe De Palo, *Presidente*
Nicola Mastropasque, *Vice Presidente*
Frank Lasorsa, *Seg. Finanza*
Domenico Torre, *Tesoriere*
Mariano Pierno, *Seg. Corrispondenza*
Tommaso Pappagallo — Nicola Scivetti
Andrew Di Bari,
Danny Faele — Vito D'Angelico
Jerry Scivetti, *Consiglieri*

Alto Supremo Patrono

EMANUELE GIAMPALMO

Ospiti d'onore

Onorevole LOUIS DI SALVO
Avv. RALPH SANTORO
Avv. FRANK BLANGIARDO

Invitati d'Onore

Nicola Marcotrigiano — Pietro Ferrara
Frank Iuculano

Soci Onorari

Arnoldo Migliaccio - Pat Zaffarese
Jimmy Vitale - Giovanni Sigismondi
Nicola Marcotrigiano

Nelle chiese della città veniva celebrata la festa di Sant'Antonio da Padova, il santo delle cose perdute. Nel 1859, a Canal Street tra Bowery e Elizabeth Street, la vecchia chiesa di Sant'Antonio era guidata dal padre francescano Sanguinetti. Nel 1890, la chiesa di San Gioacchino, a Roosevelt Street, numero 22–24, organizzò una parata di Sant'Antonio. La recita radiofonica, *Il Miracolo di S. Antonio* (sotto), veniva ancora trasmessa nel 1979.

POLISH HOME

22-24 LIBERTY AVENUE, JERSEY CITY, N. J.

DOMENICA 18 NOVEMBRE

1979

ALLE ORE 3:30 P. M.

IL SIGNOR PAZZI LOMBARDO
Presenta La' Grande Serata Artistica
CON IL POPOLARE CANTANTE

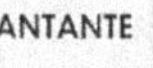

MARIO ALTOMARE — **E' AL CARR**

NEL CAPOLAVORO DRAMMATICO MUSICALE IN 3 ATTI

IL MIRACOLO DI S. ANTONIO

PROTAGONSTI:

Mimi Cecchini - Salvatore Scialo - Mini Lizio - Mario Pirone - L. Bifulco - Joe Delia - Nino Dante - Gennarino E' La Piccola Cloria Mancini - Romendotore P. Cciono

PRECEDE GRANTE VARIETA CON
MARIO ALTOMARE
NEL SUO REPERTORIO DI CANZONE
NATALIE PINTO - AL CARR
Luisella Bifulco - Nino Dante - E' Joseph Caporale
Pianista - Maria Terranova

Maestro di Cerimonie - Mario Pirone

ORCHESTRA DIRETTA DAL MAESTRO A. CARDONE

Prezzi $5.00 Ragazzi $2.50

Questa pubblicità spiega: "Le società che vogliono fornirsi di buone Bandiere, Gonfaloni, Badges, uniformi militari e qualunque altro accessorio, si dirigano alla Ditta * FRANK DE CARO * Tel. 3329 Spring. 169–171 Grand St, New York." Francesco De Caro si specializzò nella fabbricazione di uniformi militari simili a quelle dei granatieri e cavalieri dell'esercito italiano. Venivano indossate dagli ufficiali delle associazioni di mutuo soccorso che marciavano nelle processioni nei giorni di festa.

La cresima è il sacramento cattolico che porta nell'età adulta il ragazzo, il quale avrà la responsabilità di vivere una vita esemplare e difendere e credere nella fede cristiana. Il giovane Alfred Lepore, figlio di Pietro Lepore ed Ida Scoppa, fa la cresima a 13 anni.

L'attrice Stella Bruno (al centro), diva dello spettacolo religioso, recita nuovamente, in una prestazione carica di emozione, il ruolo di *Santa Genoveffa*, spettacolo creato per trasmissioni radiofoniche e spettacoli dal vivo. Con lei ci sono gli attori Frank Mascella (a sinistra) ed il Commendatore Clemente Giglio, il quale produsse e diresse diversi spettacoli spirituali come questo. Sceneggiati su temi religiosi erano spesso scritti da preti.

Pasqua 1917, scritto e redatto da Toto Lanza, era una piacevole rivista creata per la festa di Pasqua del 1917. L'editore, Salvatore "Toto" Lanza, diede risalto alle celebrità della Piccola Italia dell'epoca in quella che si pensava dovesse essere la prima di tante altre edizioni.

Diana Baldi aveva fatto carriera nella radio italiana e, nel 1945 narrò la colossale produzione religiosa *Passione e Morte di Nostre Signore Gesù Cristo*, con Frank Polimeni nel ruolo di Gesù. Era stata pubblicizzata come "la più grande e completa realizzazione della tragedia del Golgota." La rappresentazione venne adattata dal Nuovo Testamento da mons. Antonio Martini. Diana, inoltre, pubblicizzava cosmetici, che, in occasione della Pasqua, avevano un prezzo speciale.

La rappresentazione tradizionale natalizia napoletana è *La Cantata dei Pastori*. La storia presenta numerose variazioni ed adattamenti rispetto all'originale: Giuseppe e Maria viaggiano verso Betlemme e, prima della nascita di Cristo, incontrano diversi personaggi, tra cui demoni e un angelo protettivo. In questo adattamento di Clemente Giglio, la nota Stella Bruno (seduta) interpreta Maria, Nino Orlando San Giuseppe, e Lina Maresca l'angelo.

Padre Antonio Demo (a sinistra) (1870–1936) era molto attivo nella Società di San Raffaele e della Società Italiana di Benevolenza, entrambe situate a nord e ovest della Piccola Italia. Era anche pastore della Chiesa di Santa Maria del Rosario di Pompei (sotto) a Bleecker Street, numero 212, fondata nel 1891 dal frate scalabrino Pietro Bandini (1853–1917), il quale creò anche la Società di San Raffaele per la protezione degli immigranti italiani. Nel 1911 Padre Demo celebrò le messe per le vittime del rogo della fabbrica Triangle Shirtwaist, tra queste vi erano Sophie Salemi e Della Costello di Cherry Street. Dal 1836 la costruzione dove sorgeva la chiesa venne usata da una congregazione Unitaria Universale; successivamente fu acquistata dai frati francescani e, fino al 1883, venne conosciuta con il nome di congregazione cattolica afro-americana di San Benedetto il Moro.

Il missionario scalabrino reverendo Gaspare Moretti (1880–1924) lavorava con i padri missionari Pietro Bandini e Giacomo Camera alla Società di San Raffaele a Ellis Island all'arrivo degli immigranti in America. Moretti, inoltre, era il cappellano del centro di accoglienza di San Raffaele per immigrati italiani. Era il fotografo che documentava l'esperienza degli immigranti, tant'è vero che molte fotografie presenti su questo libro, provengono dal suo archivio.

La religiosità degli italiani meridionali della Piccola Italia era una miscela di fede cattolica, unita a tradizioni vecchie di secoli, credenze e superstizioni. Quasi tutti possedevano un libro dei sogni, il quale, come si può vedere nella raffigurazione, dava un significato agli stessi. Questo libro, redatto da Antonio De Martino, dal 1944 venne pubblicato a Mulberry Street, numero 145–147, dalla sua casa editrice, la Società Libreria Italiana, e garantiva l'interpretazione di 10.000 sogni.

L'ultimo sacramento che riceve un cattolico è l'estrema unzione, la benedizione prima della morte. Successivamente alla loro morte, gli italiani della Piccola Italia venivano accompagnati nel loro ultimo viaggio dal becchino Carlo Bacigalupo. Il suo nome comparve negli anni quaranta nelle canzoni di Louis Prima e negli sketch di Lou Costello. L'espressione "Bye-Bye Bacigalupo" (Ciao-Ciao Bacigalupo) non ha bisogno di spiegazioni. Nato nel 1863 a Cichero, vicino Genova, ed emigrato a New York con la famiglia all'età di sette anni, Bacigalupo divenne becchino e fondò la prima attività di pompe funebri nel 1888, con filiali, depositi ed uffici a Mulberry Street, numero 26½, Spring Street, numero 208–210, Park Street, numero 95 e Mott Street, numero 26. In caso di necessità, era generoso ed aiutava gli immigranti. Dopo la sua morte, la moglie Catherine Bacigalupo portò avanti l'attività. La sorella di Bacigalupo, Caroline, sposò John A. Perazzo, che, nel 1908, espanse l'attività al Greenwich Village

Quarto

ATTIVITÀ BANCARIE

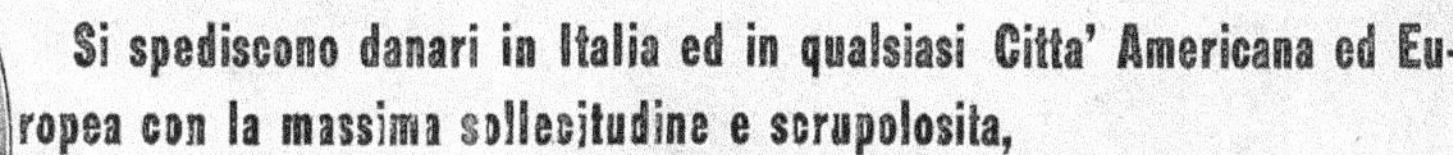

Mulberry Street era chiamata la Wall Street italiana perché era sede di numerose banche. Prima che le regole bancarie più severe entrassero in vigore, alla Piccola Italia le banche proliferavano e avevano più uno scopo eclettico che uno di istituto di risparmio e prestito. Un ufficio bancario tipo poteva fungere anche da agenzia viaggi, enoteca, azienda import-export, centro postale e telegrafico, cambio moneta, agenzia di collocamento, notaio pubblico, venditore di biglietti di teatro, tabaccheria; assisteva i clienti mandando i soldi in Italia, a volte scriveva lettere per gli immigrati analfabeti. Una banca italiana, quindi, era come un centro sociale. Nel 1907 Eugenio Boccieri era un banchiere onesto, proprietario della Banca Italiana, a Mulberry Street, numero 109, il quale offriva impiego e servizi di viaggio e prometteva efficienza scrupolosa e accorta nel mandare il denaro nelle città italiane ed europee. Alcuni banchieri, comunque, non erano onesti. I Padroni ingaggiavano nuovi immigrati per farli lavorare alla ferrovia pagando un salario misero per molte ore di lavoro e quindi traevano profitto dalla compagnia ferroviaria. Qualche banchiere truffatore avrebbe addirittura chiuso le proprie porte una mattina, per scappare con i risparmi di una vita degli immigrati.

Don Angelo Legniti nasce nel 1858 a Monteforte Irpino, Avellino, Campania, ed emigrò nel 1886. Nel 1903, la sua Banca A. Legniti, situata in una costruzione a tre piani (a sinistra) si trovava a Mulberry Street, numero 64, dove venne scattata questa foto (sotto) con i membri del suo staff. Aveva anche due filiali a Mulberry Street, numero 69, aperta nel 1891, e numero 89, aperta nel 1890; inoltre dal 1906 era in società con Mr. Tropeano a Baxter Street, numero 72. Nel 1890, faceva parte del Consiglio di Istituto Italiano, e organizzava eventi benefici per la comunità nella Villa Penza, a Grand Street, numero 198. Nella sua casa, ospitava la festa per celebrare l'ultimo giorno dell'anno, festa a cui prendeva parte spesso Enrico Caruso, così come alcune celebrità di spettacoli di varietà degli caffé concerti italiani, tra cui Eduardo Migliaccio e Guglielmo Ricciardi. Legniti nel 1900 viveva alla 12th Street e 2nd Avenue, prima di spostarsi a East 13th Street, numero 325, nel 1902.

L'insegna della Banca Stabile (a destra), fondata nel 1882 dalla famiglia Stabile, sovrasta il Caffè Bella Napoli, a Mulberry Street, numero 151. Con il nome della banca, si cercava di ispirare confidenza. L'insegna offre servizi telegrafici, postali, di viaggio, notarili e libretti di risparmio. La costruzione accanto, a Mulberry Street, numero 149, un esempio di abitazione commerciale in "stile Federalista," con dormitori abbaini ancora intatti, nel 1816 era casa di Stephen Van Rensselaer. Il primo piano era occupato da un negozio, ma nel 1903 divenne una biblioteca italiana gratuita. A quell'indirizzo, successivamente, si instaurò la Società Libreria Italiana. La Banca Stabile (sotto) passò a Grand Street, numero 189, sul trafficato angolo a sud-ovest di Mulberry Street. Questo simbolo nostalgico del passato esiste ancora, ha soffitti placcati in alluminio, terrazzi alla veneziana e gabbie d'ottone davanti alle casse. A caratteri dorati, sotto la postazione degli sportellisti, si pubblicizzano biglietti per piroscafi.

BANCO DI NAPOLI

FONDATO NEL 1539

Capitale e riserva Lit. 125.728.000,00

Biglietti propri in circolazione al 10 ottobre 1918
Lit. 1.899.855.350

Riserva per la circolazione Lit. 313.664.452

DIREZIONE GENERALE IN NAPOLI

60 Filiali in Italia - Filiale a Tripoli (Africa)
Filiali di recentissima apertura a
TRENTO - GORIZIA - TRIESTE

Corrispondenti nelle principali citta' del mondo

AGENZIE NEGLI STATI UNITI

PER RIMESSE IN ITALIA A MEZZO TRATTE-TELEGRAFO
VAGLIA SPECIALI GARANTITI
gli unici riconosciuti dal R. Governo ed ammessi a pagamento dagli Uffici Postali del Regno

Per altre operazioni di Banca e
SERVIZIO DEL DEBITO PUBBLICO ITALIANO

NEW YORK - 1) Broadway, Spring & Crosby sts.
2) 353 East 149th st.
CHICAGO - So. Halsted & Froquer sts.

Il Banco di Napoli, fondato nel 1539, godeva di ottima reputazione, con uffici a Broadway, numero 526, vicino a Grand Street, e all'incrocio tra Spring Street e Crosby Street. In più, era affiliato con molti banchieri alla Piccola Italia che agivano come rappresentanti delle banche di New York. Dal momento che molti tra i primi residenti della Piccola Italia erano napoletani, fece fiorenti affari.

Antonio Cuneo, nato a Soglio, Liguria, emigrò nel 1855. Apri una drogheria a Baxter Street e, con i profitti del negozio, nel 1880, comprò abitazioni a Mulberry Bend e un'agenzia immobiliare a Mulberry Street, numero 37, nella quale si trasferì nel 1881. Aprì inoltre la Banca A. Cuneo & Company e nel 1888 si spostò in una costruzione eretta da lui stesso a Mulberry Street, numero 28. Risiedeva a Park Street, numero 101, morì nel 1896.

Antonio Cuneo lasciò la sua banca al nipote Andrea Cuneo (destra). Nato ed educato in America, Andrea, nel 1903, succedette allo zio italiano come proprietario e continuò con l'attività a Mulberry Street, numero 28, con una filiale a Harrison Street, numero 48. L'insegna del becchino Carlo Bacigalupo è esposta sotto; Bacigalupo infatti, affittò un locale da Cuneo a Mulberry Street, numero 26½. Il nome del banchiere si può trovare in una canzone satirica del tempo, "Il Contabile," riguardante un impiegato di banca appena assunto a cui però manca l'abilità matematica. Nella canzone, l'impiegato, che non sa contare, elenca i maggiori banchieri italo-americani del momento. Il verso si chiude con un lamento: "Ingiustizia financo Zuccaro fece a me. Nove e sei e quinnece Piu' sette ventitre'."

Cesare Conti era nato a Pontremoli, Toscana. Emigrò a sette anni e, nel 1884, fondò la Banca Cesare Conti, anch'essa collegata al Banco di Napoli. La sua sede, a Broadway, numero 35, aveva l'emblema della Casa dei Savoia sulla porta. Membro della Camera di Commercio italiana nel 1906, Conti possedeva diverse filiali bancarie alla Piccola Italia e attività minori.

Conti possedeva anche un'azienda che importava prodotti italiani, un negozio italo-americano, succursali bancarie a Philadelphia e Newark, e questa agenzia di servizi marittimi e biglietti per piroscafi c. 1906. Nella fotografia sono visibili i clienti in fila e i lavoratori impegnati alla macchina di scrivere, al telefono e al banco (forse lo stesso Conti), mentre un corriere siede e aspetta. Conti faceva parte di comitati che sponsorizzavano la comunità con opere benefiche.

Fausto D. Malzone era nato a Castellabate, e immigrato negli Stati Uniti circa nella decade del 1870, e viveva a Elizabeth Street. La sua iniziale sta per Domenico, nome che cambiò in Fausto poiché la sua opera preferita era *La Dannazione di Faust* di Hector Berlioz. La sua banca a Mulberry Street, numero 88½, posizionata tra Bayard e Canal Streets nel cuore di Mulberry Bend, operò dal 1886 al 1902; era inoltre sede del suo gruppo di teatro amatoriale, Il Circolo Filodrammatico Italo-Americano, che si esibiva alla Piccola Italia solo in occasioni benefiche. Malzone metteva a disposizione cambio valuta, servizi postali, servizi di viaggio via nave o treno e importava vini italiani. Nel ruolo di banchiere, era un membro molto rispettato della comunità immigrata italiana. Venne nominato vice presidente onorario della Società Stella d'Italia, faceva parte della Società dei Barbieri Italiani e della Società Militare Sant'Arsenio. Nel 1902 si ammalò di malaria e morì nel 1909. L'edificio a Mulberry Street, numero 88, è divenuta ora una macelleria cinese.

Pasquale Caponigri era nato a Ricigliano, in provincia di Salerno il 16 marzo 1855. Suo padre, Gaetano Caponigri, era capitano della rivoluzione italiana del 1848 e morì nel 1860, sfortunatamente prima che potesse vedere un'Italia unita dalle legioni di Garibaldi, per la quale aveva tanto combattuto. Il Governo italiano negò alla vedova di Gaetano una giusta pensione visto i suoi coinvolgimenti politici e così, nel 1878, il figlio Pasquale emigrò negli USA. Pasquale Caponigri fondò il suo primo ufficio bancario, Banca P. Caponigri, a Mulberry Street, numero 55½, nel 1880 e successivamente spostò la sua attività a Mulberry Street, numero 20. Suo figlio, Giuseppe Ferruccio Caponigri, si diplomò al Manhattan College e frequentò la facoltà di giurisprudenza alla Columbia University.

Pasquale Caponigri (terzo da sinistra) nel 1890 spostò la sua attività, la Banca P. Caponigri, da Mulberry Street, numero 55½, a Mulberry Street, numero 20. Con lui di fronte alla banca ci sono i membri del suo staff. La nuova ubicazione serviva anche come sottostazione numero 23 dell'ufficio postale di New York.

Il banchiere Antonio Sessa risiedeva e aveva i suoi uffici bancari a Brooklyn, però faceva parte di organizzazioni filantropiche alla Piccola Italia dove elargiva benefici per la comunità. Sessa era nato nel 1849 nella penisola di Sorrento ed arrivò negli Stati Uniti con la famiglia nel 1877. Nel 1895 fondò Union Hall, il primo teatro creato per il teatro italo-americano. Nel 1902 divenne inoltre presidente dell'associazione di mutuo soccorso la Società Torquato Tasso.

Louis V. Fugazy (1839–1939), originariamente Luigi V. Fugazzi, nonno di Bill Fugazy, fondò nel 1860 la sua Banca L.V. Fugazy, con annessa agenzia di viaggi e servizio notarile, a Bleecker Street, numero 145 (era lo stesso indirizzo della compagnia J. G. Marsicano, che vendeva formaggio all'ingrosso). Fugazy, nel 1895, traslocò all'indirizzo accanto, all'incrocio tra Bleecker Street, numero 147, e Broadway. In questi anni venne eletto Cavaliere dal governo italiano. Sopra, Fugazy porta la medaglia di Cavaliere insieme ad altri riconoscimenti onorari. Nel 1904, divenne sostituto corrispondente del Banco di Napoli e si trasferì a Bleecker Street, numero 153 (il seminterrato di quello che nel 1881 era il famoso salone Black and Tan–Nero e Abbronzato). Nel 1905, Fugazy aprì un'altra filiale dei suoi uffici nel vecchio Hotel Colombo, a Bleecker Street, numero 149. Dal 1921, fece parte del consiglio amministrativo della Banca di Risparmio Italiana, fondata nel 1896 all'incrocio tra Spring Street, numero 62–68, e Lafayette. Fugazy era anche presidente della Società Italiana di Beneficienza, a West Houston Street, numero 136.

Quinto
CIBO

I primi immigrati italiani non si adattarono alle abitudini alimentari del mangiare americano quando giunsero nel nuovo continente; portarono però con essi la loro cucina regionale per cercare di conservare un identità. Benchè ci fosse la necessità di banche, c'era bisogno di negozi di alimentari e drogherie, salumerie e latterie, ristoranti e caffè. Tra i grossisti vi erano E. F. Angelicola, M. De Rosa, Antolini, la famiglia Sapone Marco Cuneo, i fratelli Rinaldi di Lafayette Street, Ernesto Russo e Giovanni Lazzatto di Water Street e Egisto Mariani di Centre Street che rappresentava 27 fabbriche di alimentari italiane. Francesco Bertolli forniva olio e formaggio, S. Rizzo commerciava banane all'ingrosso, e Antonio Ferrara serviva i dolciumi. Tra queste persone fotografate troviamo il proprietario del Caffè Ferrara (secondo da destra) e Ettore "Willie" Scoppa (con il grembiule).

Il Caffè Ferrara divenne conosciuto per il torrone. Un pasticciere (sopra) versa in un enorme miscelatore una grande quantità di mandorle e noci intere, ingredienti del torrone. Sono usate noci intere e non a pezzi poiché il vero sapore della noce è all'interno di essa. Questo metodo di produzione del torrone è uno stile praticato e portato da Benevento. Dal momento che non c'è latte nel dolce, si confeziona e spedisce facilmente ed è per questa ragione che, durante la Seconda Guerra Mondiale, molti soldati italo-americani oltreoceano ricevevano dalle loro famiglie a casa il torrone prodotto dalla pasticceria Ferrara. Nel negozio (sotto) il torrone è impacchettato e pronto per essere consumato.

Antonio Ferrara posa con il suo staff di pasticceri. Nel 1892, aprì il suo caffè a Grand Street, numero 195, cosicché, dopo il teatro o l'opera, lui ed i suoi amici, gli artisti, potessero rilassarsi con un buon caffè e qualche partita a scopa. Molti pasticceri che iniziarono da Ferrara, dopo alcuni anni, avviarono la propria attività. Gli ex collaboratori Enrico Scoppa e Nicola Alba aprirono ognuno la propria pasticceria a Brooklyn.

L'inventivo e creativo Anthony Lepore del Caffè Ferrara, supervisionò la costruzione durata una settimana di questo unico dolce a forma di Ponte di Verrazzano fatto interamente di zucchero, per celebrare il nuovo ponte nel 1965. Il ponte di glucosio si poteva ammirare alla Tavern-on-the-Green, a Staten Island, il cui proprietario era Dominic "Dee" Coppotelli (a sinistra). Con lui ad osservare il ponte troviamo Anthony Pietracatelli (al centro) e James Scali.

Quirino Vincenzo Parodi e Marcello Erminio erano collaboratori in un'attività di import-export a West Broadway, numero 504. Il padre di Erminio, Alessandro, possedeva una ditta di import a Genova e mandò suo figlio a New York per fare da tramite. Il giovane Erminio incontrò Parodi ed entrò con lui nell'attività di import-export. Parodi era emigrato da Genova a New Dayton, Ohio, dove aprì una prima azienda. Nel 1897, si trasferì a New York. La carrozza per le consegne trainata da cavallo (sopra) è parcheggiata davanti alla sede della società importatrice, c. 1906. La strada aveva rotaie ed era ancora pavimentata da ciottoli. Il dipartimento di export si trovava a West Broadway, numero 550. La compagnia aveva tra i suoi prodotti il "sublime" olio di oliva di Lucca (sotto), per il quale c'era un rappresentante per Stati Uniti e Canada. Parodi e Erminio avevano diverse attività, tra cui una segheria a Caddogap, Arkansas. Parodi sposò la figlia di Giovanni Lazzatto, capo di un'altra compagnia di import-export a New York.

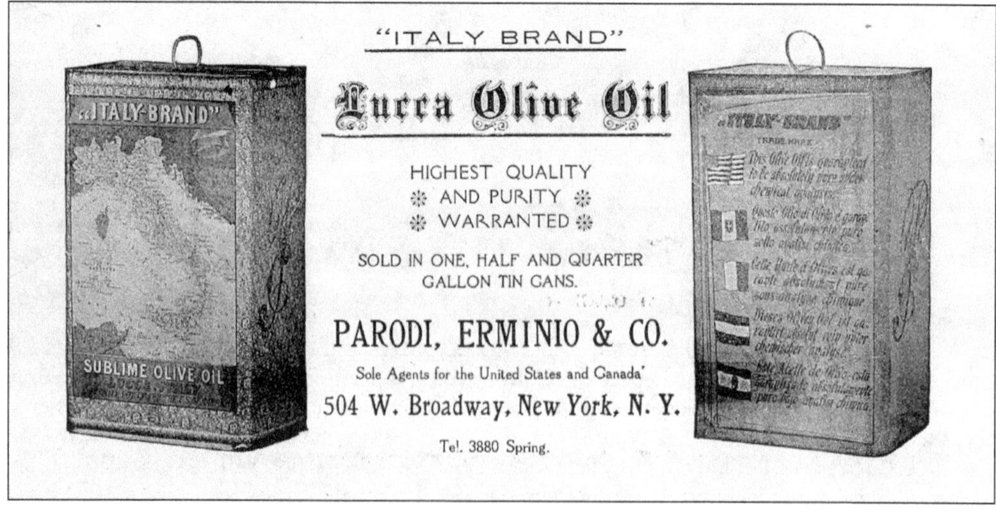

Giuseppe Amabile e Agostino Perera, nel 1907 erano i proprietari della Pizzeria Napoletana, a Spring Street, numero 53. Promettevano buoni prezzi ed igiene, ingredienti freschi, cucina napoletana, sevizio impeccabile, e servizio fino a tarda notte. La loro pizzeria sorgeva dall'altra parte della strada rispetto al negozio di bandiere di Francesco De Caro a Spring Street, numero 50, e dal negozio di macchine da cucire Singer, a Spring Street, numero 54.

Gennaro Lombardi emigrò da Napoli nel 1895, iniziò a fare pizze in un panificio a Mulberry Street, usando la stessa ricetta per l'impasto che usavano suo papà e suo nonno a Napoli. Inaugurò il suo negozio nel 1897 a Spring Street e ricevette la licenza nel 1905. Molti pizzaioli impararono il mestiere da Lombardi. Gennaro Lombardi, nipote dell'omonimo parente, gestisce oggi il negozio a Spring Street, numero 32, insieme al collaboratore John Brescio.

Sevino Di Palo emigrò dalla Basilicata nel 1903 e aprì la sua latteria dove faceva formaggio fresco a Mott Street nel 1910. Nel 1914, sua figlia Concetta (a sinistra) giunse negli Stati Uniti e nel 1922 sposò Luigi Santomauro (sotto, a destra, con il figlio Sevino al centro), il quale emigrò da Montemelone nel 1911. La coppia viveva a Eldridge Street, numero 115, in una costruzione in un quartiere dove vi erano anche immigrati ebrei provenienti dall'Est Europa e aprì un caseificio nel 1925 a Grand Street, numero 206 (ancora oggi gestito dalla famiglia a Grand Street, numero 200). La sorella di Luigi gestiva già un caseificio a Mulberry Street chiamato Santomauro, di conseguenza Luigi decise di nominare il suo negozio C. (di Concetta) Di Palo.

Concetta Santomauro taglia e serve del formaggio nella sua latteria. Dopo la morte del marito Luigi, finita la Seconda Guerra Mondiale, Concetta gestì il negozio, lavorando con il fratello di suo marito Michael e i suoi due figli, Michael e Sevino "Sam" (a destra). Quell'anno, il negozio venne rinnovato con un look più moderno, che esiste tutt'ora. Dopo la morte di Concetta nel 1956, i due fratelli continuarono a gestire l'attività fino alla loro morte. Oggi, i tre figli di Sam, Luigi, Salvatore e Marie, mantengono fermamente attiva la tradizione della latteria italiana.

A Broome Street, numero 477–481, ad ovest di Broadway, nel 1921, c'era P. Margarella, l'unico produttore del "Marchio Equo-Solidale Mondiale" di cioccolatini e caramelle. Il giornalista Mario De Biasi visitò i laboratori dell'azienda, descrivendoli come puliti e ordinati; vide i filamenti di cioccolato fondente asciugare, passando di macchina in macchina, per poi finire tagliati in forme di stelle, a cubetti, rettangolari e rotondi. La fabbrica aveva macchine per tostare il cioccolato, celle frigorifere, macchine del ghiaccio, magazzini per lo zucchero, e centinaia di sacchi di chicchi di cacao, dei quali, ogni mese, ne venivano utilizzati più di 400. Il cacao era prima tostato, ridotto a polvere, e poi trasformato in un impasto con lo zucchero. Un immigrato italiano (sopra) lavora nella sezione dei cioccolatini; un altro (sotto) controlla i calderoni che contengono il cioccolato.

Giovani donne italiane, vestite di bianco, lavorano con le macchine intingendo i dolciumi nel cioccolato nella fabbrica di dolci Margarella. La maggior parte dei lavoratori erano immigrati italiani. A mezzogiorno suonava una campanella per il pranzo che veniva servito in una mensa all'interno della fabbrica. Erano presenti anche toilette, spogliatoi e un'infermeria per le donne, in caso di malori. Le donne inoltre, impacchettavano i cioccolatini nelle scatole.

Un uomo di Genova, nel 1920 a Grand Street, numero 190, avviò la Piemonte Ravioli Company (Compagnia dei Ravioli Piemontesi), ma nel 1955, Mario Bertorelli di Parma si impossessò del negozio, gestione ancora oggi gestito da Mario e suo figlio Flavio. Giuseppe Maiori, il fotografo di molte celebrità della Piccola Italia, viveva e lavorava in questa abitazione. Era anche la sede della Italian Barbers Supply & Perfumery Company (compagnia dei fornitori di articoli e profumeria per barbieri) nel 1903 e della scuola di musica del Maestro V. Ussano nel 1921.

Negli anni precedenti al Proibizionismo, molti importatori italiani distribuivano vini e liquori all'ingrosso. Tra di essi vi erano S. Ciancimino, di Bleecker Street, numero 200, nativo di Ravenna, Gaetano e Luigi Marchesini e i fratelli Acone di Mott Street, numero 161. Serafino Piana (a sinistra) nativo di Milano, era produttore e importatore di vini e liquori c. 1906. Aveva un negozio di Baxter Street, numero 93. Un suo discendente, Victor E. Piana, gestiva ancora l'attività nel 1921.

Luigi Gandolfi, nativo di Codogno, importava e distribuiva cibo e vino dalla Lombardia. La sua attività si trovava a West Broadway, numero 427–431. Nella fotografia si vedono botti di vino nel suo magazzino c. 1906. Sul pavimento davanti alle botti si vede la macchina per l'imbottigliamento. Gandolfi aveva una stanza dove imbottigliava vino frizzante e dove, con dei macchinari, tappava le bottiglie. Aveva in magazzino più di 100 litri di vino Sopraffino.

Francesco Pennacchio emigrò da Guardia dei Lombardi, una piccola cittadina in Campania, circa nel 1880 e si sistemò a New York. Possedeva un bar a Mulberry Street, numero 109, che vendette nel 1903, nello stesso periodo aveva una birreria chiamata Francesco Pennacchio Grande Birreria, a Mulberry Street, numero 75, almeno una casa per l'affitto e uno dei primi cinema nickelodeon di New York c. 1915.

Achille Starace era nato il 5 novembre 1851 a Vico Equense, Campania. Arrivò a New York nel 1870 e fece l'apprendista per la Funch, Edye, & Company, compagnia di trasporto marittimo. Dal 1876 al 1881 lavorò negli uffici dell'azienda a Baltimora, ma ritornò a New York per creare la Starace Brothers, compagnia import-export di alimentari e il suo ufficio (sopra), c. 1906, si trovava a Pearl Street, numero 76.

L'odierno Caffè Roma, a Broome Street, numero 385, all'incrocio con Mulberry Street, era originariamente il negozio di pasticceria Caffè Ronca. Il caffè, era il "Sardi's" della Piccola Italia, un ritrovo abituale per scrittori, giornalisti, attivisti sociali, cantanti e artisti. Pasquale T. Ronca era nato il 7 giugno 1866 a Solofra, Avellino, arrivò a New York nel 1891, seguito dal fratello Giovanni nel 1892, con il quale aprì Caffè Ronca.

ALLO SCOGLIO DI FRISIO

Grande rivendita di frutti di mare di qualsiasi specie tenuta dal cosidetto

"Ciccio 'o Spagnuolo"

in 109 Mulberry St. New York

Ch'e' stato il primo, se non l'unico, che ha riportati gli usi proprio napoletani, per lo smercio dei frutti di mare.

Si ricevono ordini e commissioni di dualunque impartanza.

"Ciccio 'o Spagnuolo" (Ciccio lo Spagnolo), il commerciante di pesce, aveva una bancarella dove vendeva diverse varietà di pesce fresco vicino all'entrata di Mulberry Street, numero 109, cucinato nell'autentica maniera napoletana. L'insegna "Allo Scoglio di Frisio" (dalle rocce di Frisio), garantisce la freschezza dei suoi prodotti.

Non importa quanto possa essere eccellente e famosa la cucina nei ristoranti, come per esempio l'autentica cucina napoletana che si trovava da Angelo's, a Mulberry Street, numero 146, nessun ristorante, bancarella del pesce, caffè e pizzeria possono competere con il cibo cucinato a casa, mangiato intorno ad un tavolo in una famiglia italiana. Amici e parenti della famiglia La Barbera gustano del buon vino con noci e uva dopo cena (sotto). Da sinistra a destra ci sono: (seduti) Antoinette Vitale, Patrina "Beattie" Macaluso, Rose e Salvatore "Toto" Macaluso; (in piedi) Salvatore "Toto" D'Aleo, Celestina, Santo Grasso, Mary La Barbera Grasso, e Angelo Vitale.

Joseph Demattia, nipote di Fausto Malzone, aprì l'Italian Food Centre a Mulberry e Grand Streets a metà del XX secolo per poi spostarsi in un locale più grande a Grand Street, numero 186, dall'altra parte della strada. Forniva cibo italiano importato come mozzarella e salami. Dopo la sua morte, la famiglia vendette l'attività a due ex dipendenti, Joseph Ferrara e Salvatore Bonnello, che la gestiscono ancora oggi.

Francesco Alleva avviò il suo negozio di formaggi (il primo e più antico negli Stati Uniti) nel 1892 a Grand Street, numero 190; si spostò a Grand Street, numero 188, dopo che chiuse il Caffè d'Italia dei Fratelli Gargiulo, Giuseppe e Fedele c. 1904. Francesco aveva otto figli, tutti impiegati nell'attività. Il figlio più vecchio, Henry, con la sorella Irma, gestiva l'impresa dopo la morte di Francesco. Poi, Robert, figlio di Henry, portò avanti l'attività che ora è posseduta da Robert Jr.

Sesto

INTRATTENIMENTO

La Villa Vittorio Emanuele III, che prese il nome dal Re d'Italia, era un popolare caffè concerto che celebrò la sua grande inaugurazione il 4 novembre 1904. Questi locali dove si tenevano spettacoli di varietà proliferavano in tutta la Piccola Italia. Un ritratto del re, ad opera di Gaetano Sorrentino, adorna la cima dell'arcata del palcoscenico. La Villa Vittorio Emanuele III si trovava a Mulberry Street, numero 109, tra Canal e Hester Streets.

Guglielmo Ricciardi era nato il 12 luglio 1871 in Via Savino, numero 15, a Sorrento, Napoli. Lasciò la sua paese natale nel 1889 ed arrivò a New York dove fondò la Compagnia Italiana Comica e Drammatica e si esibì e cantò in tutti i teatri della Piccola Italia. Ricciardi, per la caratteristica del suo enorme naso, veniva chiamato il Cyrano de Bergerac del teatro italiano e "Nasone."

Concetta Arcamone e sua sorella Rosina erano già attrici amatoriali nella loro natale Torre Annunziata. Quando arrivò in America, Concetta aveva già 19 anni. Guglielmo Ricciardi insegnò a Concetta a cantare e ballare e alla fine la sposò. Successivamente lei lasciò il marito dopo essersi innamorata dell'attore Antonio Maiori, diventando la primadonna della sua troupe. Concetta e Maiori vivevano sopra il loro Teatro Italiano a Spring Street, numero 24.

Le Germania Assembly Rooms, a Bowery, numero 291–293, tra Houston e Bleecker Streets, avevano un atrio ed una stanza spaziosa con 448 posti a sedere. Venne chiamata il Teatro Italiano quando il 21 febbraio 1883 il Circolo Filodrammatico Italo-Americano produsse lo spettacolo *L'Entrata di Garibaldi in Napoli*. La stanza venne condivisa con altre compagnie italo-americane, club del fucile, associazioni della marcia, bande musicali, organizzazioni politiche e sociali e società tedesche e francesi.

Antonio Maiori fu il primo ad introdurre Shakespeare al pubblico italiano con produzione dialettali. Qui, è vestito da Amleto. Durante i primi anni del 1900, Maiori era il direttore/produttore più prolifico del teatro italo-americano. Collaborò con altri produttori e direttori ed ebbe il merito di aver portato anche del pubblico americano nel suo teatro sulla Bowery. Interpretava classici francesi e italiani finché si rassegnò a produrre teatro di varietà.

Marietta Maiori era la figlia di Antonio Maiori e Concetta Arcamone. Di tutti i figli Maiori, lei portò la sfida teatrale ai massimi livelli. Marietta considerava il padre come suo idolo; le insegnò tutto sul palcoscenico. Era conosciuta anche come Maria Giovannelli, dopo il matrimonio con Attilio Giovannelli, l'illustre violinista e direttore d'orchestra nei teatri. Marietta Maiori iniziò a fare l'attrice già da bambina (sopra) e fece il suo debutto sul palcoscenico italo-americano alle ore 15:00 di domenica 5 marzo 1905, davanti a 1800 spettatori al London Theatre, a Bowery, numero 235–237; seguì l'apparizione nel lavoro drammatico di Nicola Misasi, *Mastro Giorgio*, a Prince Street. Marietta interpretò Ofelia (destra) nella produzione del padre di *Amleto* e lavorò anche in radio. Morì nel 1999, solo due mesi prima del suo 100 compleanno.

Il Grand Theatre si trovava a Grand Street, numero 225, e Chrystie Street. Antonio Maiori produceva qui le sue opere teatrali. Anche Antonio Ferrara e Tony Bacarozzi collaborarono alla produzione di opere italiane al Grand Theatre. Nel 1903, il Maestro Salvatore Avitabile, il quale aveva una scuola dove insegnava musica e recitazione teatrale, fece da co-direttore con Salvatore Nunziato per la Compagnia Lirica Italo-Americana nella produzione dell'opera al Grand Theatre, dove dirigeva l'orchestra.

Altri attori italo-americani fecero la loro apparizione al Grand Theatre e tra questi, nel 1929, vi era Eduardo Migliaccio. Divise, con altri personaggi famosi, il prezzo del biglietto per una rappresentazione a scopo benefico de La Castigliana. Interpretò O *Conduttore* (Il Conduttore), con testo di Migliaccio e musica del Maestro V. Napolitano. È una personificazione del vecchio maestro che insegnava musica ed i quali studenti formavano le orchestre, suonavano ad intervallo di musica, e marciavano nelle sfilate dei giorni di festa.

La signora Concetta Donigi duettava spesso con il marito, Arturo Zacconi, figlio dell'attore Giuseppe Zacconi. La coppia Zacconi-Donigi contava duetti comici in tutti i teatri e alla Piccola Italia a la Villa Vittorie Emanuele III, a Mulberry Street, numero 109; nello caffè concerto Villa Mascolo, a Canal Street, numero 207; al Teatro Italiano-Drammatico Nazionale, a Bowery, numero 138; in una sala a Mulberry Street, numero 100; al Teatro Italiano a Spring Street, numero 24; e alla Germania Assembly Rooms a Bowery, numero 291–293.

La Coppia Marconi era sicuramente un duo comico che si era formato nel circuito degli caffè concerti. Un attento esame del quadro rivela che la coppia non è realmente insieme nella fotografia; gli scatti vennero fatti separatamente e sovrapposti per sembrare che fossero stati fatti nello stesso momento. Questo era in sostanza l'atto del trasformismo; se si guarda bene, la donna è in realtà l'uomo travestito.

Questa fotografia cattura un momento di uno spettacolo di varietà e gli interni di un caffè concerto italiano di cui non si conosce il nome sulla Bowery nel 1890 (a destra). La prima migrazione degli anni ottanta e novanta dell'ottocento, come si vede nella fotografia, portò molti uomini soli, non sposati. Giravano tra gli teatri italiani ed i nightclub, dove ascoltavano la musica e la parlata delle loro città natali in Italia. La Bowery era sempre il posto favorito per l'intrattenimento. La prima taverna fu il Cronelis Aertszen's Inn, aperta nel 1665. Nel XIX secolo, la Bowery ospitava birrerie tedesche e saloon irlandesi. Questo teatro non identificato potrebbe essere il Windsor Palace a Bowery, numero 103, il Teatro Italiano-Columbia Opera House, a Bowery, numero 104–106, o il Teatro Italiano, a Bowery, numero 138. Nicolò and Adele Montemagno Alba (sotto) il giorno delle nozze della figlia Bianca a Eduardo Migliaccio (Farfariello) nel Bossert Hotel di Brooklyn.

Il leggendario comico macchiettista Eduardo Migliaccio di vaudeville, il cui nome d'arte era Farfariello, viveva a Kenmare Street, numero 57. Migliaccio era nato il 15 aprile 1882 a Cava Dei Terreni, Salerno. Nel 1897 emigrò negli Stati Uniti e trovò lavoro alla Banca Avallone, a Mulberry Street, numero 74; il suo compito era quello di scrivere lettere ai parenti in Italia dei clienti della banca, che erano lavoratori analfabeti. Questo lavoro gli fece capire la psiche degli immigrati italiani, che sta alla base dei suoi personaggi creati per il palcoscenico e lo introdusse alle varie personalità della comunità italiana, tra cui il soggetto della macchietta coloniale che inventò e rese famoso. Era uno dei più popolari intrattenitori dei teatri di varietà della Piccola Italia, dove esibiva le sue macchiette (imitazioni di personaggi). Nel 1936 fece un tour per l'Italia e il Re Vittorio Emanuele III lo nominò Cavaliere dell'ordine della Corona d'Italia nel 1940.

Il figlio di Farfariello, Arnold, ricorda come le imitazioni di donna del padre fossero piuttosto di successo, in parte anche perché non era molto peloso. I vestiti nelle fotografie sono solo due dei numerosi vestiti da donna di Farfariello, per i quali aveva costruito delle speciali armadi di vetro per proteggerli e renderli visibili. Sopra, Farfariello fa una parodia de "La Donna Moderna," a sinistra invece interpreta "La Suffragetta." Altre trovate includevano "La Sposa," una goffa, enorme sposa; "Schul-gherl (La Studentessa dell'East Side)," la quale ha un vasto repertorio di musica jazz che canta dall'inizio alla fine; una parodia della diva dell'opera "Luisa Tetrazzini," con i suoi trilli e canzoni sentimentali; e "Maritem'e' nglese" (Il mio marito inglese), che dal punto di vista di una donna italiana che sta in fase di assimilazione – consiglia alle altre ragazze italo-americane "di stare sole piuttosto che avere un marito come questo."

Eduardo Migliaccio morì il 27 marzo 1946, e con lui Farfariello, che non si vide più sul palco. Le sue interpretazione inimitabili non potevano esistere senza il loro creatore. Quello che rimane è la memoria di un uomo sorridente dietro a grandi nasi, simpatici costumi e pazze parrucche che trovò un modo tenero di fare sentire i suoi compatrioti, stranieri in una terra straniera, come a casa.

Il successore di Maiori nel teatro di prosa drammatica, per un periodo, fu Giovanni De Rosalia. Nato in Sicilia, era un attore professionista che faceva parte di compagnie italiane. Immigrò poi a New York, qualche tempo prima del 1903. Diventò professore e nel 1904 insegnò nel sistema scolastico della città. Recitò in ruoli minori con Maiori e interpretò il ruolo di protagonista in alcune delle sue produzioni di *Otello*, *Oreste*, e *La Morte Civile*.

Silvio Minciotti, nato Francesco, a Città di Castello, Perugia nel 1882, era immigrato a New York nel 1896. Iniziò a lavorare con la compagnia Maiori-Rapone nel 1900 al Teatro Italiano di Spring Street, nel ruolo di Carlo in *La Jena del Cimitero* e di Odoardo, figlio della Regina Elisabetta, in *Riccardo Cuor Di Leone*. Nel 1909 si unì al tour americano di Maiori, organizzato da Edwin Balkin. Per la versione drammatica in quattro atti di *Madama Butterfly*, diretta da Armando Romano, Minciotti apparve nel ruolo di Pinkerton. La sua prima produzione indipendente fu nel 1904 nello spettacolo del suo amico Cordiferro in *L'Onore Perduto*. Nel 1905, Minciotti era il direttore del locale notturno, la Villa Vittorio Emanuele III. Si esibì con l'attore italiano Ermete Novelli nel suo tour in Francia, Germania, Russia, Ungheria, e Romania; recitò con la compagnia dell'italiano Virgilio Talli nel 1906. Tornato a casa, nel 1911, sposò l'attrice Ester Cunico; insieme formarono la loro compagnia professionale teatrale.

Le aziende di alimentari italiane avevano scoperto che i programmi radiofonici in lingua italiana erano pubblicità eccellenti. Attori italo-americani erano impiegati regolarmente e il pubblico teatrale aumentava. Sentendo gli spettacoli alla radio, sotto forma di soap opera, gli ascoltatori erano invogliati a vederli sul palco. La storia trasmessa durante la settimana, sarebbe stata interpretata dal vivo nel fine settimana. Il direttore Mario Badolati era solito usare un altro trucco: chiudeva la presentazione radiofonica settimanale con suspance, per poi finire la scena in teatro. La compagnia teatrale radiofonica Giglio (a sinistra) recita a WHOM c. 1937. L'opera è *U Cafe dei Critici* (il Caffè dei Critici), con Luigi Iaccarino come Gennarino il cameriere, Bartolomeo Liscio (con la bombetta) e Renato Vinciguerra (al centro). I gemelli Sandrino e Adelina Giglio, con il nome d'arte di Perzechella (sotto, sovrastati dalle lettere dei loro ammiratori), si esibivano insieme nella compagnia teatrale Giglio, negli spettacoli di varietà e alla radio.

Un'altra interpretazione di Clemente Giglio era *La Zia di Carlo*, l'adattamento italiano dell'originale *Charley's Aunt*, famoso per le scene comiche con gli uomini in abiti femminili. Sandrino Giglio, figlio di Clemente, interpreta la zia e Attilio Barbato è il co-protagonista. Clemente e i suoi genitori, il mago Don Alessandro Giglio e Adele Gravieri, immigrarono nel 1891 e vivevano a Elizabeth Street, numero 246. Nel 1897, Clemente Giglio fondò la sua compagnia teatrale.

Questa spettacolare produzione di Giglio era *La Figlia del Dragone Rosso*, un melodramma italiano con costumi cinesi. Da sinistra a destra ci sono Nino Orlando, Lina Maresca e Joe Ventrella. Quando Giglio scriveva e presentava i suoi melodrammi al Thalia Theatre a Bowery, numero 46–48, organizzava di venire ucciso nel primo atto, per poi prendere il posto di suo figlio Sandrino al piano.

Angelo Gloria era nato a Catania e immigrò negli Stati Uniti, dove formò l'omonima compagnia teatrale. Assunse Emma Alba Barbato per recitare e poi la sposò, rinominando la sua troupe la Compagnia Donna Vincenza in seguito al loro popolare programma radio, scritto e diretto da Gloria. Gli attori identificabili di questa compagnia radiofonica sono, davanti, da sinistra a destra, Aristide Sigismondi, Attilio Barbato, Emma Alba Gloria, e Angelo Gloria.

Dopo aver visto uno dei suoi spettacoli in Italia, nel 1953, Gennaro Cardenia portò Rita Berti in America per esibirsi nelle sue produzioni di varietà, sia teatrali che musicali. Venne nominata "la giovine ed elegante Stella;" apparve al *Festival del Teatro Mediterraneo di Napoli* di Gennaro e Vincent Cardenia; inoltre, cantava alla radio.

L'attore vincitore di un oscar Vincent Cardenia iniziò a recitare a 5 anni nella compagnia del padre, il popolare impresario, attore e cantante Gennaro Scognamillo Cardenia. Vincent si esibiva dappertutto regolarmente sui palcoscenici italo-americani finché non fece la sua entrata di successo nei teatri e film americani. Era solito ricordare che tutto quello che sapeva sul teatro, gli era stato trasmesso lavorando con il padre.

Alberto Campobasso (in piedi, terzo da sinistra) (1888–1961) era una presenza imponente nei teatri, sia per la sua altezza sia per la riuscita dei suoi lavori come scrittore, direttore, attore. È raffigurato con il cast, vestito in occasione del dramma di Giovanni Verga, *Cavalleria Rusticana*. Altri attori nel cast erano Frank Mascetta, Gaudio Rapanaro, Cariti e Rina Negri.

Quando Campobasso morì nel 1961, l'Unione degli Attori Italiani pubblicò questo tributo in suo onore in occasione della cena annuale, una grande raffigurazione inusuale che mostrava la stima avuta per lui dalla comunità italiana. Il grafico vede Campobasso al lavoro, che scrive e dirige. È circondato da personaggi della Commedia dell'Arte, Arlecchino e Capitan Brighella. Campobasso aveva una moglie, Ester, e un figlio, Lucio.

L'odierna Unione degli Attori Italiani, affiliata con gli Associated Actors and Artistes of America, AFL-CIO (Attori e Artisti Associati), era nata nel 1933. Il nome originale era Lega di Miglioramento fra gli Artisti Italiani della Scena. La sua giurisdizione comprendeva produzioni di opere drammatiche e musicali in lingua italiana. La Lega, inoltre, pubblicava un giornale, *Il Palcoscenico.* Negli anni seguenti l'associazione si ritrovava a Villa Penza, a Grand Street, numero 198.

Mimi Cecchini Romeo (a sinistra) era presidente dell'Unione degli Attori Italiani per molti anni, fino alla sua morte nel 1992. Lei e Sal Carollo (a destra), segretario esecutivo, incontrano Harrison Goldin, comptroller della città di New York. Mimi era nata a San Francisco nel 1923 e iniziò a recitare già a tre anni. Passò a lavorare nel teatro di famiglia, apparve nelle pubblicità, soap opera, film ed ebbe il suo programma radiofonica italiano. Doppiava anche film inglesi in italiano.

Andrea Camera (1861–1918), professore, compositore e conduttore, suonò per il Presidente Theodore Roosevelt e collaborò e si esibì con John Philip Sousa. Arrivò alla Piccola Italia da Amalfi, Salerno, c. 1880, viveva a Mott Street, numero 283 e venne naturalizzato nel 1886, sponsorizzato dal suo vicino di casa, il costruttore Alphonso Brocco. Sposò Luisa Gambardella e morì di influenza nel 1918.

Rina Telli, conosciuta per la sua bellissima voce, cantava in diversi caffè concerti e spettacoli di varietà nella città. È vestita qui per il ruolo di Santuzza nella popolare opera adattata del dramma di Giovanni Verga, *Cavalleria Rusticana*. Gli italiani amavano l'opera ma non potevano permettersi l'entrata ai Metropolitan e Carnegie Hall, così compagnie più piccole realizzarono produzioni più economiche accessibili agli immigrati.

Il teatro dell'Amato Opera, a Bowery, numero 319, è una miniatura di un teatro, con solo 107 posti a sedere e il palcoscenico di 9 metri. Il piccolo golfo mistico accoglie al massimo sei musicisti ed è forse il più piccolo teatro dell'opera del mondo. Anthony Amato (sopra) arrivò dall'Italia a sette anni; figlio di un macellaio, un cantante di opera amatoriale che amava la sua passione trasmettendola poi al figlio. Quando Amato e sua moglie, Sally (a destra), decisero di iniziare la produzione all'inizio degli anni cinquanta, il maestro fondò un conservatorio e un laboratorio di prova, nei quali giungevano molte giovani del quartiere della Bowery per l'apprendimento. Aveva anche un sistema di rotazione del cast, che permetteva a molti di interpretare ruoli da protagonista. La fu Sally, sua partner nella compagnia, faceva da pubblico relatore, creava i costumi e gli accessori di scena.

Nel 1900, il teatro delle marionette italiano veniva interpretato in magazzini e soffitte da famiglie già nella professione da generazioni. Un Teatro delle Marionette dava spettacoli a Spring Street, numero 9, un altro a Mulberry Street aveva la caratteristica del dialetto napoletano ed uno a Elizabeth Street, numero 258, posseduto da G. Rubino e D. Porrazzo, si rivolgeva al pubblico siciliano. Il siciliano Agrippino Manteo immigrò via Argentina nel 1919 e lavorò al Teatro dei Pupi a Mulberry Street, numero 109, fino al 1936.

Frizzi & Lazzi, la vecchia Compagnia Musicale & Teatrale italo-americana, lavora riproducendo gli spettacoli originali creati dagli immigrati italiani all'inizio del XX secolo. Qui, il personaggio de La Strega (Emelise Aleandri) narra per i bambini la storia della *Leggenda della Befana*, la buona strega natalizia italiana che visita le case dei bambini la vigilia dell'Epifania, la dodicesima notte, e lascia un regalino per i bambini buoni e sassi per quelli cattivi.

Settimo

Commercio

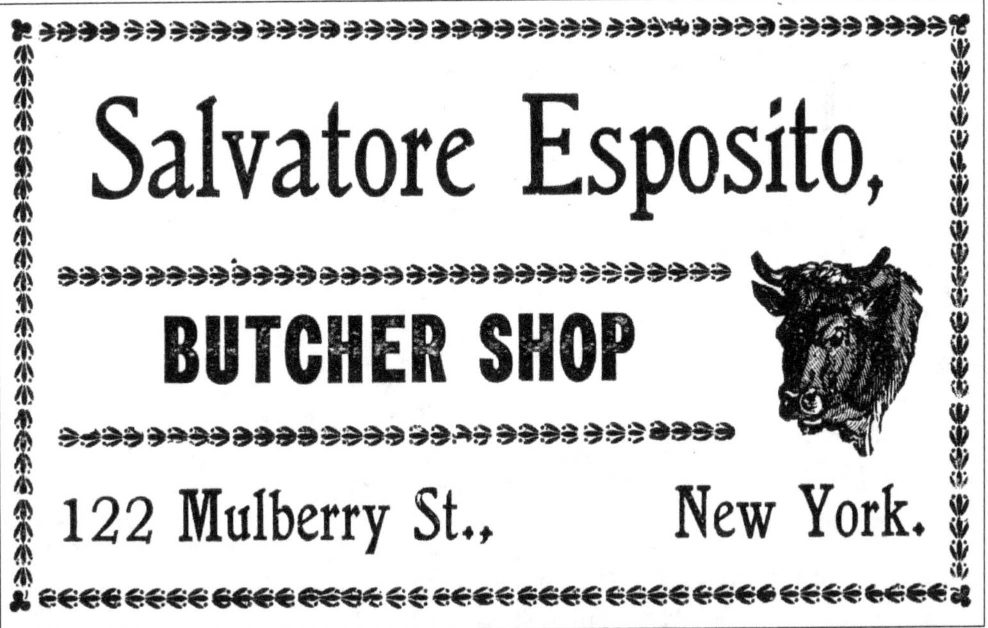

Dal tempo dei primi colonizzatori olandesi, gente da tutto il mondo è venuta a New York per fare soldi. Gli immigranti italiani non facevano eccezione; lavoravano per altri e quando possibile per se stessi, dove fondavano imprese di tutti i tipi alla Piccola Italia e dintorni. Questo biglietto da visita è datato 1907.

Nel 1902, dopo essere emigrato da Napoli, Ernesto Rossi avviò un emporio, nel quale vendeva anche libri. Nel 1910 si trasferì a Grand Street, numero 191, all'incrocio con Mulberry Street, dove fondò la Libreria Rossi (a sinistra), un negozio di musica e casa editrice. L'interno del negozio (sotto) mostra le mensole con spartiti, libri, rotoli di carta perforata per pianole (le scatole piccole, rettangolari in alto) e un piano per provare a suonare. Insieme ai libri, libretti e musica di ogni genere importati da editori dall'Italia, Rossi vendeva materiale di pubblicazione italo-americana, molto del quale è ancora oggi disponibile al negozio. Il negozio Rossi è diventato un'istituzione, adesso gestito dal nipote Ernie.

Nel negozio Rossi si trovavano molti libri come questo di collezioni di canzoni italiane, così come in altre librerie della Piccola Italia. Le canzoni tradizionali italiane e gli ultimi successi erano sempre richiesti, ma le composizioni popolari originali italo-americane erano di solito stampate individualmente su volantini e manifesti di una pagina, con la musica da una parte e le parole dall'altra. Questi due sono tipici esempi di libretti. *Canzoni Italiane* (a destra) davano solo i testi senza la musica; "Contrasto bellissimo tra un povero e un ricco che disputano chi di loro è più felice" (sotto) è tipico di un duetto di due cantanti. Si discute un contrasto tra un cittadino e un contadino o tra un uomo e una donna, per esempio, illustrando i principi opposti.

CONTRASTO BELLISSIMO

TRA UN POVERO E UN RICCO

Che disputano chi di loro è più felice.

Angelo Alpi proveniva da Piacenza ed entrò nell'industria dei fiori artificiali. Possedeva un'impresa di fabbricazione di fiori artificiali, la A. Alpi & Company, nello stabilimento (sotto) a West Houston Street, numero 69, e Mercer Street. Questa stanza, per la colorazione e il taglio dei fiori artificiali, ha tavoli coperti da bottiglie, caraffe e ciotole per colorare la seta e vassoi con pezzetti di seta che aspettano di essere incollati per poi diventare fiori. Alpi, in piedi secondo da sinistra, assumeva donne e ragazzi. Suo fratello, Pietro Alpi, lavorava con Angelo quando arrivò dall'Italia. La compagnia aveva uffici vendite a Parigi, Chicago e Montreal.

L'assemblaggio dei fiori artificiali alla A. Alpi & Company veniva fatto in questo laboratorio. La fotografia mostra un numero di donne sedute a un lungo tavolo che lavorano con stoffa, filo e un grosso numero di scatole. Dal 1880, le donne italiane dominavano l'industria dei fiori artificiali e della fabbricazione di scatole di cartone alla Piccola Italia.

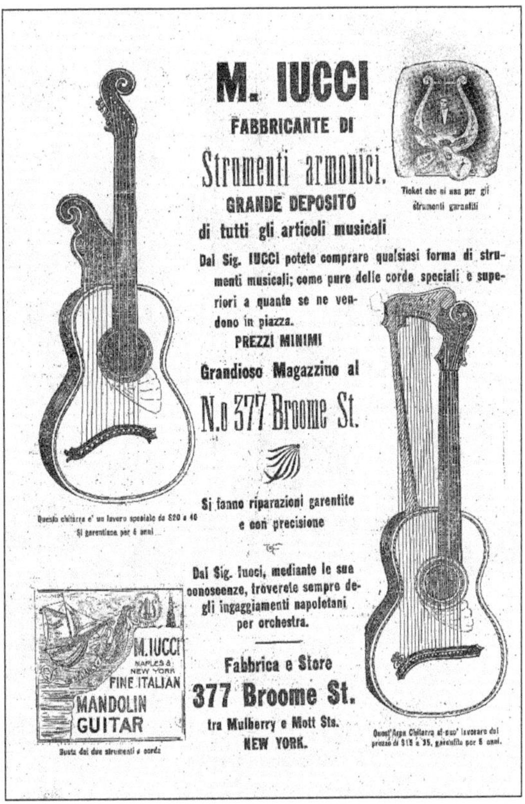

L'arpa chitarre nella pubblicità di M. Iucci, venivano vendute da $15 a $40 ed erano in garanzia per cinque anni. Iucci, inoltre, vendeva mandolini ed effettuava riparazioni. Lo sviluppo di Italo-Americanese, un linguaggio misto inglese-italiano, si nota in questa pubblicità del 1907. La garanzia nell'angolo in alto a destra è chiamata "ticket" (ricevuta), e la pubblicità appunta Fabbrica e "Store" (negozio). Dal 1921, M. Iucci vendeva banjo, dato che era "l'inventore del suono accattivante del campanello."

Verso il 1906 Luigi Peirano fece costruire questo caseggiato di sette piani con un negozio al piano terra all'angolo di Bayard e Baxter Streets. Una bandiera americana sventola dal tetto. Peirano era nato nel 1854 a San Rufino di Leivi, Liguria, e arrivò a New York nel 1871. Nel 1873, aprì un negozio a Park Street (in passato Cross Street), inoltre possedeva un edificio e un negozio a Mulberry Street, numero 32.

Nel 1921 Pasquale Margerella aveva la sua fabbrica di cioccolata di sei piani (a destra), il suo magazzino di distribuzione e i suoi uffici amministrativi a Broome Street, numero 477–481. Era nato a Spinoso, Potenza nel 1882 e arrivò a New York nel 1898 con pochi soldi a disposizione. Era solo un ragazzo sedicenne e in buona salute. Fece qualsiasi lavoro disponibile per mettere da parte del denaro e dato che viveva da solo aveva poche spese. Vide come altri italiani facevano fortuna nel business dei dolciumi, così prese i suoi risparmi di alcune centinaia di dollari e aprì un piccolo negozio nel seminterrato di Varick Street, numero 182. All'inizio non andò bene, ma mantenne il negozio e alla fine ne colse i frutti. Infine, nel 1914, si assicurò la fabbrica a Broome Street. Dal 1921, produceva quasi 14 chili di cioccolata al giorno e la sua fabbrica valeva 250,000 dollari. Diede il suo contributo ad associazione benefiche italiane, donando 5,000 dollari ai veterani ciechi italiani della Prima Guerra Mondiale.

VITALB

LONGO

E' IL MIGLIORE TONICO PER LA CURA DEI CAPELLI. IL PIU' EFFICACE RICOSTITUENTE DELLA RADICE CAPILLARE.

Arresta IMMEDIATAMENTE la caduta dei capelli e favorisce lo sviluppo di nuovi e vitali capelli. Cura radicalmente la forfora.

Bottiglia [franco di porto] $1.00

SI CERCANO AGENTI

Capelli, barba e baffi riacquistano il loro naturale colore con una sola applicazione della

Longo

Istantanea

Vegetale, liquida, innocua. Resiste il calore a qualunque bagno. Non macchia la pelle nè la biancheria.

Costa $1.25 a bottiglia - 16 soldi spese di posta

Prof. M. LONGO

366 Broome street, New York

Il professor M. Longo aveva un'attività a Broome Street, numero 366, dove produceva il Vitalb Longo, un tonico che, lo stesso Longo prometteva, senza garantire, la fermata "immediata" della caduta dei capelli. Curava anche la forfora, tutto al prezzo di 1 dollaro a bottiglia, più 25 centesimi per spedizione e consegna. Come recita la pubblicità, Longo cercava anche agenti di vendita.

Calogero Mandracchia emigrato da Sciacca, Sicilia, all'età di 12 anni si stabilì a Elizabeth Street. Un intraprendente uomo d'affari, ogni mattina si fermava ad acquistare pesce fresco al mercato di Fulton Street, a South, Fulton e Beekman Streets, per poi rivenderlo a Elizabeth Street nell'antica tradizione di quando, decenni prima, si vendevano gli alimenti sui carretti.

Verso il 1906, Francesco Tocci combinava il suo business principale, uno stabilimento poligrafico e una libreria, con altre attività minori, inclusa la vendita di strumenti musicali al suo Emporio Italo-Americano, a Broadway, numero 520–522. La costruzione ospitava il suo ufficio (con un tappeto persiano e un gatto), una sala per le vendite, una sala mostre e una stanza tipografica (sopra). Aveva assunto quattro donne e diciassette uomini.

Storie e romanzi sensazionali e melodrammatici erano stampati in Italia su carta gialla economica, da qui il genere libro giallo. Questi libretti erano stampati in America da editori come Tocci o venivano importati dall'Italia. Il nome venne applicato anche agli spettacoli. Un dramma giallo era qualsiasi riproduzione teatrale emozionante e sensazionale. La novella *La Sepolta viva ovvero Lo Scheletro vivente* (a destra) racconta la storia di una donna che ha vissuto sottoterra per quattro anni, cibandosi di soli pane e acqua. La novella *Storia del brigante Antonio Gasparone* (sotto) racconta di come Gasparone e i suoi sei compagni vennero liberati a Roma dopo 47 anni di prigione.

Nel 1900, la Società Libreria Italiana di Antonio De Martino, a Mulberry Street, numero 145–147, era l'unica rappresentante negli Stati Uniti dell'editore musicale italiano Epifani. Nel 1907, venne installato per un periodo di tempo l'Excelsior Cinematografo. Dal 1959, la discendente di Antonio, Lyvia De Martino gestiva l'attività che da quel momento venne conosciuta come Libreria De Martino. Da qui, negli anni sessanta e inizio settanta, Lyvia trasmetteva il programma *Radio Italia* per la stazione radio WHBI.

Nuovi libri come questo erano disponibili presso la Libreria De Martino. La copertina raffigura un mago, i suoi attrezzi e il suo assistente. Il titolo del libro è *Libretto Magico del Cavalier Bosco*. Bosco scrisse il libro per insegnare giochi di carte, di prestigio e destrezza, da eseguire nei raduni di società.

NINO D'AURIA

PRESENTA

PIEDIGROTTA A MARE

SOTTO GLI AUSPICI DELLA

ITALIAN ACTORS UNION

DOMENICA 7 SETTEMBRE

1969

SUL PIROSCAFO

BAY BELLE

Partenza da Battery Park ore 10 a.m. - Ritorno ore 9 p m.

BIGLIETTI (Adulti) $5.50 - Ragazzi, non oltre 12 anni, $2.50

Per biglietti e informazioni telefonare a:

NINO D'AURIA, Telefono: CL 6-4611

I biglietti potete acquistarli presso:

LIBRERIA DE MARTINO, 145 Mulberry Street, N. Y. — Tel. CA 6-8106
CAROSELLO MUSICALE, 105 Mulberry Street, N. Y. — Tel. 925-7253
E. ROSSI CO., 191 Mulberry Street, N. Y. — Tel. CA 6-9254
FORZANO ITALIAN IMPORTS, 128 Mulberry Street, N. Y. — Tel. 925-2525
E. ROSSI, 127 Mulberry Street, N. Y. — Tel. CA 6-6556
MERCORELLA TRAVEL AGENCY, 187 Court St., Brooklyn, N. Y. — TR 5-2805
AZZURRA MONDELLO, 306 Knickerbocker Ave., Brooklyn. N. Y. — Tel. 497-9664
S.A.S. MUSIC STORE, 7117 - 18th Avenue, Brooklyn - Tel. 331-0540
CAPRI UNIVERSAL, 608 E. 187th St., Bronx, N. Y. - Tel. 298-1843

Direzione Artistica

RALPH MANFRA

Alle ore 12.30, nel grande Picnic Grove di Rye Beach, con molte tavole e sedili, potete mangiare all'ombra degli alberi.

Molte imprese della Piccola Italia aiutarono a sponsorizzare questa gita in barca nel 1969 sulla Bay Belle per la comunità: tra queste i fratelli Rossi, Eduardo, a Mulberry Street, numero 105, e Ernesto, a Grand Street, numero 191; il Carosello Musicale, a Mulberry Street, numero 105; e gli importatori italiani Forzano, a Mulberry Street, numero 128. Nino D'Auria, il popolare cantante radiofonico sulle stazioni WBNX, WHBI, WLDB, e WHTE, organizzò l'evento *Piedigrotta a Mare*.

Antonio Ferrara (a sinistra) era sia un uomo d'affari che un attivo leader della comunità e il suo nome appariva spesso tra le pagine dei quotidiani italiani. Il successo del suo business gli permise di partecipare a cause benefiche; appartenendo a diverse organizzazioni della comunità. Era presidente per il Festival del Tiro a Segno Nazionale Italiana e nel 1904 presidente onorario del circolo Alessandro Salvini. Appoggiò il comitato della Società di Mutuo Succorso fra i Sarti Italiani fondata nel 1905, aiutando a finanziare le riparazioni per una casa danneggiata dal fuoco nel 1903 e sostenne la Croce Rossa americana con dei fondi per le vittime del rogo alla Triangle Shirtwaist nel 1911. Cercò, con risultati meno memorabili, anche di dedicarsi all'intrattenimento. Il suo caffè (sotto), in occasione del Giorno del Ringraziamento nel 1940, era il suo vero successo.

Il nipote di Antonio Ferrara, Pietro Lepore (sopra, a sinistra, negli anni '50), anch'egli da Avellino, arrivò a New York nel 1930. Aveva viaggiato da clandestino vestito da clown su una nave che trasportava i membri di un circo a New York. Andò a lavorare da suo zio e nel 1932 sposò Ida, la figlia del partner di Ferrara, Enrico Scoppa. All'inizio del XX secolo, gli alloggi erano sopra il negozio, ma alla fine il negozio offrì uno spazio per le riunioni al piano superiore. Dopo la morte di Ferrara nel 1937, Pietro comprò la parte di Enrico e prese il controllo dell'attività. Prima della Seconda Guerra Mondiale, il suo acquisto strategico di zucchero protesse la compagnia durante il razionamento. Pietro iniziò a spedire l'introvabile torrone durante la guerra, risultando tutt'oggi tra i migliori nella distribuzione degli ordini per corrispondenza. L'entrata del negozio (sotto) è raffigurata negli anni '60, quando i figli di Pietro, Anthony e Alfred, si unirono all'azienda.

ROMA RADIO e FURNITURE
CO., INC.
FRANK IUCULANO, President

FINE FURNITURE - MODERN AND TRADITIONAL
COMPLETE LINE OF APPLIANCES

FURNITURE SHOWROOMS	APPLIANCE SHOWROOMS
213 Grand Street	205 Grand Street
New York City	New York City

—— Telephone WOrth 2-0291 ——

F. Leone Sanna, successore dell'azienda import-export Sanna, nel 1921 viveva a Grand Street, numero 205. La società Roma Radio and Furniture, ora chiusa, prese il suo posto diventando un'istituzione a quell'indirizzo. Frank Iuculano fu presidente dell'impresa fino al 1958, rimpiazzato da Thomas Iuculano nel 1959. I negozi di Roma erano situati a Grand Street, numero 205, e la fabbrica a Grand Street, numero 213–215. La compagnia metteva a disposizione un parcheggio gratuito ed era aperta dal lunedì al sabato e successivamente sette giorni a settimana. Roma vendeva camere da letto, soggiorni, attrezzatura per sala da pranzo, refrigeratori, lavastoviglie, radio, televisioni e diversi elettrodomestici. Quando chiuse, circa nel 1980, i residenti del quartiere sentirono di aver perso un vecchio amico e che un altro pezzo della Piccola Italia era scomparso.

Ottavo

Esodo

Il Five Points fu sempre un posto per immigranti: tedeschi, irlandesi, cinesi e italiani. La legge sull'immigrazione entrata in vigore nel 1924, ridusse l'afflusso annuale di nuovi italiani al 2% sul numero che entrò nel 1890, che non fu per altro un anno molto carico. La Piccola Italia subì gravi condeguenze. Inoltre, con il passare del tempo, il bisogno di avere un esclusivo quartiere italiano diminuì dal fatto che gli italiani stavano diventando più acculturati. L'edificio a Grand Street, numero 198 (sopra), tra Mott e Mulberry Streets, era dapprima il Bar & Ristorante di Donna Concetta Bergamo nel 1894, poi, divenne nel 1900, la Villa Giulia di Domenico Volpe, poi, nel 1904, la Villa Napoli di Gaetano Borriello, nel 1905, invece, era la Villa Penza di Raffaele Penza, poi, nel 1907 il Cinematografo del divertimento di Manhattan di Pietro Sirignano e infine Villa Pensa, l'ultimo nome prima di diventare un'impresa gestita da cinesi.

Fausto D. Malzone di Castellabate gestì la sua Banca Malzone dal 1886 al 1902 in questo edificio a Mulberry Street, numero 88, tra Canal e Bayard Streets. La sua insegna fatta a forma di scudo si vede nella fotografia di pagina 19, scattata quando quest'area era il cuore del distretto bancario. Questo edificio è ora una macelleria cinese, segno che riflette i cambiamenti etnici del quartiere.

Attualmente, la Compagnia Musicale e Teatrale Cinese occupa questo edificio sulla Bowery tra Grand Street e Broome Street. Un altro esempio del cambiamento etnico, al numero 138 di Bowery già sede del Teatro Italiano o del Drammatico Nazionale negli anni 1903, 1904 sotto la guida degli impresari Antonio Maiori e Pasquale Rapone.

Il sud di Brooklyn aveva molti vantaggi come quartiere alternativo per gli italoamericani per la sua vicinanza alla città e alla zona portuale, dove molti italiani trovarono lavoro come scaricatori. L'agenzia viaggi ed ufficio assicurativo e legale Mercorella era gestita da Alfonso Mercorella. Situata a Court Street, numero 187, e Bergen Street, era vicina ad entrambe le enclavi italiane e al distretto del tribunale del centro di Brooklyn.

Molte sezioni di Brooklyn svilupparono diversi quartieri italiani. A Broadway, numero 1803–1805, Edmondo Nigri gestiva il negozio di mobilio Nigri, "la Ditta italiana per gli italiani d'America." Suo figlio Joseph era il direttore generale. Il loro slogan in rima prometteva "Chi buona mobilia vuol comperare, da Nigri deve andare."

L'attore Guglielmo Ricciardi (a sinistra) riuscì ad arrivare a Hollywood assicurandosi un contratto con gli Universal Studios. Appare qui nel ruolo del maestro nel *Stars over Broadway* (Stelle su Broadway), con Pat O'Brien (al centro) e James Melton. Recitò nel film muto, *The Humming Bird* (Il Colibrì) con Gloria Swanson e il suo amico italiano di Sorrento, Cesare Gravina. Recitò l'impresario d'opera nel film classico *San Francisco*, con Clark Gable e Jeanette McDonald.

La famiglia D'Aleo con i parenti, inclusi i La Barbera di Elizabeth Street, si godono una domenica a Staten Island, dove nel 1939 i D'Aleo acquistarono una casa. Staten Island, con le sue colline ondulate, attraeva molti italo-americani, che rimangono per generazioni e costituiscono una porzione abbastanza grande della popolazione. In questo distretto si trova anche il Museo Garibaldi-Meucci, la casa dove visse Garibaldi negli anni '50 dell'ottocento con Antonio Meucci, l'inventore del telefono.

Il Bronx attraeva molti italiani. La zona di Belmont divenne un'altra Piccola Italia. Dopo la morte del marito, Vladimiro, nel 1919, Emma Lutterotti, fotografata qui in lutto, si trasferì con la figlia, Elodia, nella zona di Woodlawn nel Bronx, in un altro insediamento italiano. Emma morì nel 1936; Elodia, ancora una ragazzina, andò a vivere con la famiglia Lamanna nell'area di Castle Hill e successivamente con la famiglia Lutterotti a Riva del Garda in Italia.

La Sorrentina era il nome d'arte di Maria Frasca, cantante nel circuito dei teatri italiani. Da quando il pubblico diminuì e gli show di varietà scomparvero, si trasferì nel Bronx, dove aprì un ristorante, Scotti's, a East Tremont Avenue, numero 3141. Ogni tanto nel ristorante esibiva vecchi pezzi di repertorio, con Ernesto Migliaccio al piano.

Quando Marietta La Barbera e Joseph Ligammari si sposarono, nel 1923 si trasferirono a Chicago per il lavoro di forniture di articoli per barbieri. Riuscivano a guadagnare abbastanza bene per potersi permettere un'automobile. Dopo la morte di Joseph, Marietta ritornò a Elizabeth Street, per poi spostarsi di nuovo a sud di Brooklyn per sposare lo scaricatore di porto Ciro Nasti.

Molti residenti di vecchia data della Piccola Italia rimasero nel quartiere fino alla fine dei loro giorni. Inevitabilmente, venivano accompagnati nel loro ultimo viaggio da Bacigalupo o dai suoi colleghi, dato che a Manhattan non vi erano cimiteri, nè tanto meno nel quartiere. Gli immigrati trovarono il loro luogo di riposo fuori dalla città, in un altro dei quattro distretti, a Long Island o nella contea di Westchester.

www.ingramcontent.com/pod-product-compliance
Lightning Source LLC
LaVergne TN
LVHW081552100826
845153LV00004B/364

* 9 7 8 1 5 3 1 6 6 2 6 9 1 *